独自走百步 不如智者指一步

社交助你少走弯路

主编 拾　月
编著 陈志华

图书在版编目（C I P）数据

独自走百步 不如智者指一步：社交助你少走弯路 / 陈志华编著. -- 北京：现代出版社, 2015.4（2024.12重印）
ISBN 978-7-5143-3495-1

Ⅰ. ①独… Ⅱ. ①陈… Ⅲ. ①人际关系学－青少年读物 Ⅳ. ①C912.1-49

中国版本图书馆 CIP 数据核字(2015)第 067763 号

独自走百步 不如智者指一步：社交助你少走弯路

主　　编　拾　月
编　　著　陈志华
责任编辑　王敬一
内文制作　诚美天下文化传播有限公司
出版发行　现代出版社
地　　址　北京朝阳区安外安华里 504 号
邮　　编　100011
电　　话　（010）64267325
传　　真　（010）64245264
邮　　箱　xiandai@cnpitc.com.cn
网　　址　www.1980xd.com
印　　刷　唐山富达印务有限公司
开　　本　700mmx1000mm　1/16
印　　张　9
版　　次　2015 年 5 月第 1 版　2024 年 12 月第 4 次印刷
书　　号　ISBN 978-7-5143-3495-1
定　　价　57.00 元

前言

青少年是社会的宝贵财富，是人类的希望和未来，正所谓“少年强则国强”。为此，大至一个国家、一个民族，小至一个家族、一个家庭，都特别重视青少年的教育问题。希望他们成为社会的中坚，家族的骄傲。一句话，就是希望他们成为成功的人。于国，能成为有用的人才；于家，能成为顶梁柱。不仅仅要学习好，还要有辨别人世间善、恶、美、丑的能力。在每个人的人生中，除了需要自身的因素之外，还需要拥有感受世界的能力。

思路、细节，能够丰富大脑容量，完善行为举止，让青少年变得愈加稳重大方。

口才、谈判，能够练就舌战群雄的能力，凭借一张巧嘴，也能走遍天下。

习惯、能量，能够端正青少年人生态度，获得积极向上的正能量。

决策、执行，能够清晰目标，果断解决问题，让人生不在纠结、忧郁中度过。

人脉、创新，能够体会到人和的力量，让生命更具新鲜感。

青春，是人最美好的一段时光，也是人格、性格定型的重要阶段，在这个时期，我们需要享受青春的快乐，同时也需要完成自我塑造。通过心理自助，最终从一个小男生、小女生逐渐成长为一个有着健全人格的人，成长为一个对社会、对家庭、对自我有着相对完整认知的人，成长为能够为自己的未来做主的人。这才是一个充实、有价值的青春。每个梦想都值得我们认真对待，每个青少年都是未来的希望。在青春中我们不仅要有欢乐，同时也要拥有未来！

本丛书是你化解烦恼的“心灵鸡汤”，可以给你快乐的心理自助；本丛书会让你认识到：掌控心理，方能掌控世界；改变自己，才能改变一切。本丛书还将告诉你：只有实现积极的心理自助，才能收获快乐而充实的青春。

目录

第一篇 朋友是一朵不会凋零的花

第二篇 花香蝶自来，一切只因你值得拥有

第三篇 对方的心灵需要你走进去了解

目录

第四篇 其君子，珍惜难能可贵的友谊

第五篇 投资人情，充实你的社交存折

第一篇

朋友是一朵不会凋零的花

在人生的旅途中，我们会遇到很多人，他们让我们感到生活的幸福。有些人会与我们并肩而行，一起看潮起潮涌；有些人只是与我们短暂相处，但却留给我们无限的想念。他们就是我们的朋友。

生活因朋友而焕发光彩

故事话题

柯克·道格拉斯在年轻的时候是一个小工厂的工人，生活十分落魄，经常是食不果腹、居无定所。但他却是一个随和、健谈的人，于是结识了很多的朋友，这些朋友虽然也很穷困，但是都会尽力地接济他，帮他渡过一个个难关。他曾经说，如果没有这些朋友，自己的生命可能早就完结了。

正是因为有这些朋友，才让柯克·道格拉斯的生活焕发光彩。

有一次乘火车时，他无意间帮了一位女士的一点儿小忙，使得那位女士对他充满了感激。没过多长时间，柯克·道格拉斯所在的工厂倒闭了，他失去了工作，生活更为窘迫。后来他又遇上了那位女士，双方很愉快地交谈起来。在得知柯克·道格拉斯在家待业的消息后，那位女士

就说自己所在的影视公司正在招演员，不知他是否愿意屈就。柯克·道格拉斯想，他们只是打过几次交道，双方又很长时间未曾谋面，所以就认为这只是一句客气话，并未往心里去，他随口应承着说可以回家考虑一下。可没料到的是，第二天，那位女士就打来电话问他是否能去上班。

从此以后，柯克·道格拉斯就开始了他的演艺生涯。他凭借自己天才般的表演才能，不仅解决了自己生活中的困难，还从此迈向了自己的事业高峰。

对此，柯克·道格拉斯深有感触地说：我早年的生活充满了艰辛和困难，如果没有周围朋友的相助，我不会取得今天的成就。

故事解析

每个人的能力是有限的，你不可能去解决或完成你所面临的所有难题，但是如果你周围有很多朋友，他们会在你困难的时候向你伸出援助之手，就可以助你跨过一道道的生活难关，让你的生活变得幸福、美满。

有人说，生活是一个不断出现困难和不断解决困难的过程，仔细想想也的确如此。生活中时刻都充满了大大小小的困难，但是困难的解决却不是一件容易的事情，正因为如此，生活才充满了艰辛与烦恼。但是，如果你有很多的朋友，那么许多困难也许便不再是困难了。

故事穿越

马云原在杭州师范学院做了6年英语教师，其间，他结交了许多英语人才并创立了一家外文翻译社，他利用业余时间接了一些外贸单位的翻译工作，虽然没有挣到多少钱，但是他却结识了许多的新朋友。

后来，马云受朋友之托有幸到美国去办事。结果事没办成，倒是从国外的朋友那里了解到互联网世界的巨大力量，便在那里学会了网络技巧。然后，他就想到要为他的翻译社做网上广告，没多久就收到来自美国、德国与日本的一些客户的信息，说这是他们看到的有关中国的第一个网页。

“这里有大大的生意可做！”马云当时又从国外的朋友那里了解了互联网，便开始了他的创业之路。几年后，马云便开创了他的阿里巴巴网站，成为风靡一时的商业巨人。

马云从美国的朋友那里了解到了互联网在社会上所产生的巨大力量，开阔了他的视野，然后才开始了他的创业之路，最终获得了成功。如果他没有那些朋友，如果他没能早些了解到互联网在中国市场的空白，便不可能有今天的成功。

故事微语

如果你有众多的朋友，便可以从他们那里得到真实可靠的社会经验与人生经验，扩大自己的认知和视野，从而改变自己狭窄的人生观，使自己的人生之路更为顺畅。

朋友是一种潜在的无形资产，是一种潜在的财富。如果要想在社会中生存、发展，那么，首先就要了解这个社会，而与众多的朋友交往便可以加深你对社会的了解，因此你的人生之路也会变得更开阔。

心灵箴言

有朋自远方来，不亦乐乎。

——孔子

朋友，可以把快乐加倍，把悲伤减半。

——[古罗马] 马库斯·图留斯·西塞罗

真正的友谊，是一株成长缓慢的植物。

——[美] 乔治·华盛顿

为了找到一个好朋友，走多远的路也没关系。

——[俄] 托尔斯泰

人的生活离不开友谊，但要得到真正的友谊才是不容易；友谊总需要忠诚去播种，用热情去灌溉，用原则去培养，用谅解去护理。

——[德] 马克思

成功需要朋友的帮助

故事话题

张硕是一位中国留学生，他在美国进修资管硕士学位时，有一门课程要求他和班上的其他 3 名同学一起到一家企业去实地参与编写一份企划方案。由于同组的同学对企划开发都没什么概念，所以张硕只好将重任一肩挑起，并几乎是独立完成了所有的工作。

方案上交后，厂商及教授对张硕的方案相当满意。第二天张硕在拿到成绩时发现自己得的竟然是一个 B，更让人不能理解的是张硕的另外 3 个美国同学拿的却都是 A。他感到愤慨，便去询问他的教授：

“为什么其他人都是 A，而我是 B？”

“哦，那是因为你的组员认为你对这个小组没什么贡献！”

“啊？但是，你该知道那份计划几乎是我一个人弄出来的啊！”

“哦，是啊！他们也都是这么说的，但论起在团队中的贡献……”

“说起贡献，你知道杰克每次我叫他来开会，他都推三阻四，不愿意参加；布兰森每次写的程序几乎都不能用，都是我帮他改写的；琳娜除了晚上帮我们叫哈基宁外，几乎什么都没做。”

“为什么会这样呢？杰克说你每次开会都从不听他的，所以感觉没有必要再参加你开的会了；布兰森觉得他的工作成果被你任意修改而感到不被尊重，也因此越来越不喜欢接受你的领导了；但琳娜对于挽救小组陷于分崩离析作出了极大的贡献，使你们这个小组最终完成了任务。”

“我亲爱的教授先生！你该不是在搞种族歧视吧？”

“我可怜的孩子，你会打篮球吗？”

“这关篮球什么事？”

“这么说吧，几乎所有的人对于竞争大约都不会陌生。高考的竞争就像是打棒球，而不是打篮球。如果你是一名外野手，球飞过来了，你只能靠自己去接住它，即使其他的人跑了过来，也帮不上忙，还可能会妨碍你接球。高考就是这样的一场个人秀，无论你的亲朋好友、老师同学多么想帮你，你最后还是得靠自己取得分数。但是出了高考大门，不论你从事何种职业，你的成功都必须仰赖别人跟你的合作。就像是一个篮球运动员那样，任何的得分都必须靠队友之间紧密的配合才能取得。就像迈克尔·乔丹，他除了精湛的球技之外，更重要的是他与队友间良好的合作……”

现在，张硕每天的工作都是和大家一起完成的，他的团队在他的引领下也保持着一种旺盛的活力。

故事解析

从张硕的身上，我们可以看出你是否能够和他人进行良好的合作，对于你事业的成败以及工作的好坏起着极大的影响，所以说成功在很大程度上取决于你拥有多大的号召力和影响力。

良好的人际关系可以开拓你的视野，让你随时了解周围情况的变化，并提高你倾听和交流的能力。有句话叫：“功夫在诗外”，这句话的本意是指学习作诗，不能单纯地就诗学诗，也应该把时间和精力用在实践以及与他人合作等事情上面。

故事穿越

世界著名的魔术大师浩华·哲斯顿曾经被世人称为“魔术师中的魔术师”。在他魔术生涯的40年中，他的精彩表演曾经迷倒了万千观众。在当时，所有人都弄不明白他成功的原因。当浩华·哲斯顿最后一次在百老汇上台表演的时候，《创富学》的作者希尔曾经在他的化妆室里待了整整一个晚上，并不停地向他请教关于他如何成功的问题。

哲斯顿告诉希尔，和他表演水平差不多的魔术师有很多，但是他之所以能够取得巨大的成功，就在于他时刻对观众保持着真诚的表演态度。哲斯顿对希尔说：“大多数魔术师在表演的时候，只会将台下的观众看成是一群傻子、一群笨蛋，可以将他们骗得团团转。但是，我却将观众看成是最为忠实的朋友。”

抱着这样的热情去为观众表演，他理所当然地受到了观众的欢迎。同时，在表演过后，他还会为观众留下联系地址，并接收来自各地观众的信件，同时还诚心地为很多观众回信。几十年下来，他与很多观众都成了朋友。所以，他的表演总能得到许多的欢呼声。

哲斯顿在每次上台前都会对自己说：“我很感激，因为这些人来看我的表演，他们能够使我拥有一种满足感和快乐感。他们是我最忠实的朋友，我应该把自己最高明的手法表演给他们看。”

希尔听完哲斯顿的总结后，十分感慨，没想到他的成功秘诀竟然如此简单——那就是与众多的观众交朋友。

故事微语

当今社会是一个社会化大分工的时代，这里面就蕴涵着合作才能共赢的本意。人是社会化的动物，唯有融入社会，依靠社会的力量才能做得成大事业。因此，作为个人，千万不要迷信“单打独斗”的力量，这种心态只会害人害己。毕竟，一个人之于社会只如一滴水之于大海，实在是太微不足道了。

是的，社交的力量就是如此巨大。能够获得成功的关键不仅在于自身的能力有多高，还在于自己是不是能够借助于朋友的力量。

心灵箴言

只有能够分享内心感受的朋友，才可以给你战胜困难的力量。

——[西班牙] 巴塔沙·葛拉西安

名誉，美酒，爱情，都不及可以让我感到幸福的友情更珍惜。

——[德] 赫尔曼·黑塞

坎坷的道路上可以看出毛驴的耐力，患难的生活中可以看出友谊的忠诚。

——[希腊] 米南德

对一个真正的朋友，你可以传达你的忧愁、欢悦、恐惧、希望、疑忌、谏诤，以及任何压在你身上的事情。

——[英] 培根

朋友是黑夜中的火把

故事话题

1966 年，阿里因拒服兵役参加“越战”，被美国联邦法院判处有期徒刑 5 年。与此同时，阿里的“拳王”头衔被取消，护照也被没收。当时的报刊公开刊登“群众渴望阿里血溅街头”这样的言论。

阿里顶着巨大的压力，一边上诉，一边奔走于各所大学之中进行反战演说。阿里几乎每天都能接到谩骂恐吓的电话，人身安全也变得无法保障。

一天夜里，电话铃声响了起来。阿里下意识地拿起了听筒。电话的另一端，一个略显苍老的声音礼貌地询问：“您好，请问是穆罕默德·阿里先生吗？”

“是的，我是……”阿里警惕地回答了老人的问话。

“嗯，阿里先生，我是一个英国人。我非常钦佩您为正义事业不惜一切的献身精神。我只是想表示我的敬意，并且告诉您，全世界爱好和平的人，都是您的朋友！”

在那一刻，阿里的眼睛不由自主地噙满了泪水，这是他第一次听到“朋友的声音”。此后，阿里便经常和这位陌生的朋友通过电话和信件进行交流。直到有一天，阿里发现再也没有收到回信。

1970 年，美国最高法院迫于各界压力，宣布阿里无罪。

1971 年，阿里应邀访问英国。公事之余，阿里按照信封上的地址，去拜访那位曾经给予自己巨大支持的“朋友”。按响门铃之后，一个佣人打开了门，“您好，先生。请问有什么贵干吗？”

“是这样，我来拜访一位老朋友，但是我没有见过他，也不知道他的姓名，他应该是一位老人……”

“先生，您要找的应该是这里的老主人，他在不久前去世了……”

阿里沉默了一会儿，低声问：“他叫什么名字？”

“伯特兰·罗素——他是一位伟大的哲学家。”

故事解析

阿里在伯特兰·罗素的帮助之下，走过了人生中的那段泥泞之路。朋友对每个人来说都是很重要的，他们不仅会和我们一起分享喜悦，还会在我们身处泥泞之中时，伸出他们的手，给予我们鼓励和帮助。在黑夜之中，为我们点燃火把，以供我们照明和取暖。

我们很难想象没有朋友的日子会是什么样的，我们也很难估量友情所带给我们的力量，正如薄伽丘曾经说过的：“友谊真是一样最神圣的东西，不光是值得特别推崇，而且值得永远赞扬。它是慷慨和荣誉的最贤慧的母亲，是感激和仁慈的姐妹，是憎恨和贪婪的死敌；它时时刻刻都准备舍己为人，而且完全出于自愿，不用他人恳求。”

故事穿越

1844 年，马克思在巴黎认识了恩格斯，共同的信仰使他们把彼此看得比自己都重要，马克思因为长期的流亡，生活变得很拮据，常常靠典当物件来维持生计，有时甚至连买邮票的钱都没有，但他仍然顽强地进行他的研究工作和革命活动。

恩格斯为了帮助马克思，他宁愿经营自己十分厌恶的商业，把挣来的钱不断地寄给马克思。他们不但在日常生活上相互帮助，在事业上，他们更是互相关怀，进行着亲密的合作。

马克思和恩格斯同住伦敦时，每天下午，恩格斯总会到马克思家里去，花几个钟头来讨论各种问题；分开后，他们几乎每天都会通信，彼此交换对政治事件的看法和研究工作的成果。他们之间的关怀还表现在：他们时刻都会设法给予对方以帮助，为对方在事业上取得的成就而感到骄傲。

马克思在答应给某家英文报纸写通讯稿之时，并没有精通英文，恩格斯就义务地帮他翻译，必要时还会代他书写。恩格斯从事著述的时候，马克思也往往会放下自己手头的工作，帮助恩格斯进行编写。

马克思和恩格斯亲密合作了 40 年，他们共同创造了伟大的马克思主义。

故事微语

马克思和恩格斯的友谊被世人称之为“伟大的友谊”，不仅是因为他们之间天衣无缝的合作，也因为他们之间的“患难之情”，他们的友谊经受了诸多的考验，终于历久弥香。

他们相互扶持着走过了很多泥泞之路，正如列宁所说的：“古老的传说中有各种各样非常动人的友谊故事，后来的欧洲无产阶级可以说，它的科学是由两位学者和战友创造的。他们的关系超过了古人关于人类友谊的一切最动人的传说。”

心灵箴言

丈夫会应有知己，世上悠悠安足论。

——张谓

有朋友的人像平原一要宽广，没有朋友的人却像窄狭的手掌。

——谚语

意见和感情的相同，比之接触更能把两个人结合在一起，这样子，两个人尽管隔得很远，却也很近。

——[俄] 柴可夫斯基

真正的朋友不把友谊挂在口头上，他们并不为了友谊而相互要求一点什么，而是彼此为对方做一切办得到的事。

——[俄] 别林斯基

有了朋友，生活才显出它全部的价值；一个人活着是为了朋友；保持自己生命的完整，不受时间侵蚀，也是为了朋友。

——[法] 罗曼·罗兰

机遇在社交中悄然产生

故事话题

18 岁时，儒勒·凡尔纳到巴黎攻读法律，可是他对法律丝毫提不起兴趣，却爱上了文学和戏剧。

一次，凡尔纳在一场晚会上早退，下楼时，他忽然童心大发，沿楼梯扶手悠然滑下，不巧正撞在一位胖绅士身上。凡尔纳感到非常尴尬，道歉之后随口询问对方有没有吃过晚饭，对方回答说刚吃过南特炒鸡蛋。

凡尔纳听罢摇了摇头，声称巴黎根本没有正宗的南特炒鸡蛋，因为他就是南特人，而且非常擅长烹饪此菜。胖绅士闻言大喜，便真诚地邀请凡尔纳登门献艺。

两人友谊自此开始，并一度合写戏剧，为凡尔纳走上创作之路创造了很多条件。这位胖绅士就是大仲马。在大仲马的影响下，凡尔纳开始一门心思投入诗歌和戏剧的创作中。在巴黎，凡尔纳创作了 20 个剧本(未出版)和一些充满浪漫激情的诗歌。

后来，凡尔纳与大仲马合作创作了剧本《折断的麦秆》，这标志着凡尔纳在文学界已经取得了初步的成功。终于，凡尔纳成为“科学幻想之父”。

故事解析

儒勒·凡尔纳无意当中结识了大仲马，两人不仅获得了友谊，还相互合作，最终取得了很大的成就。机遇有时候就是如此，总是在与人交往中悄然产生，不与人交往，怎么会产生机遇呢？

我们也要学会与人交往，不让自己局限在书本之中。人都是生活在社会这个大集体之中的，不可能独立生存，在社交中更有可能有机遇的产生，只有将自己的力量与他人的力量相结合，才有可能取得举世瞩目的成就。

故事穿越

麦克斯韦在16岁时初到剑桥，他对一切都感到新奇不已。

这一时间，麦克斯韦专攻数学，读了大量的著作。但是，他读书不太讲究系统性。有时候，为了钻研一个问题，他可以连续几个星期不做其他任何事情；有时候，他又会见到什么，便读什么，显得毫无规划。

一次偶然的机会，麦克斯韦遇到了一位好老师，他就是霍普金斯。

霍普金斯是剑桥大学的数学教授，一天，他到图书馆借书，他所需要的一本数学书籍刚好被一位学生先借走了。这本书并不是一般学生所能读懂的，教授顿时感觉十分奇怪。于是，他询问借书人的名字，管理员回答："麦克斯韦"。

教授找到麦克斯韦，看见他正埋头摘抄，笔记本被涂得五花八门，他房间里的陈设也显得乱糟糟的。霍普金斯不禁对麦克斯韦产生了兴趣。

霍普金斯诙谐地对麦克斯韦说："小伙子，如果没有秩序，你永远成不了优秀的数学家。"从这一天起，霍普金斯成了麦克斯韦的指导教授。

麦克斯韦在霍普金斯的指教下，首先克服了杂乱无章的学习方法。这位导师还把麦克斯韦推荐到剑桥大学的尖子班学习。经这位优秀数学家的指点，麦克斯韦进步飞速，最后终于成为一代科学大师。

故事微语

麦克斯韦无意当中结识了教授，并抓住了机遇，得到了他的栽培和帮助，最终成为了一代科学大师。

有人曾经说过：“你不要以为机会像一个到你家里来的客人，他在你门前敲着门，等待你开门把它迎接进来，恰恰相反，机会是一件不可捉摸的活宝贝，无影无形，无声无息，假如你不用苦干的精神，努力去寻求它，也许永远遇不着它。”我们要学会走出去，与人交往，这样才会抓住机遇。

心灵箴言

真正的友情就如同人的健康。在失去之前，永远无法意识到他的真正价值。

——[美] 科尔顿

真正的好朋友，应该在你得意的时候，只有邀请才来，在你失意的时候，会不请自来。

——[法] 伯纳尔

不要追究朋友的缺陷，不要泄露朋友的秘密，不要记着朋友过去的错误。只有懂得这三点，才能交到真正的朋友。

——洪应明

一个好朋友，当看到对方的错误时，会真诚地指出；当朋友遇到好事时，会真心地感到高兴；当朋友遭受痛苦的时候，会守在朋友的身边，鼓励他，支持他。

——谚语

朋友会影响你的收入

故事话题

张建强的老家在山东农村，从家乡的一所普通大学毕业后，他就揣着梦想来到了北京。四处奔波后，张建强终于找到了一份工作，月薪是1500元，可是每个月除了房租、吃饭等必要的开支，每到月底的时候就捉襟见肘了。

为此，张建强想寻找更好的工作机会，他老家的穷朋友王敏德在听了他的想法后，就劝他说："别瞎折腾了，工作多难找啊，1500元不少了，

咱们老家的朋友都甭提多羡慕你呢，你就知足吧。"张建强看看那些工资更低的朋友，想想自己实在应该学会知足，毕竟在大城市里有份工作不容易。

后来，张建强的另一个富朋友听了他的这个想法后，就鼓励他说："你有这样的想法特别好，你应该想办法去争取更好的工作机会。但是，你不能盲目地换工作，要有计划有目标，先积累经验，平时要多看点相关的书籍，充实自己才是硬道理。"在这个富朋友的鼓励下，张建强满怀信心地给自己制定了学习计划，工作也变得更加卖力。

半年后，由于张建强工作业绩突出，他的月薪涨到了5000元。一年后，他凭借自己的经验和不断积累的知识，跳槽到了一家更大的公司，每个月工资加奖金近万元。

故事解析

张建强正是听了富人朋友的鼓励和建议，才能够一步步地提高自己的收入。从表面上来看，朋友虽不是直接的财富，但它是一种潜在的无形资产，一种潜在的财富。没有它，就很难聚敛财富。

朋友是我们无形的财富，他们或许会在我们身处迷茫之时为我们指点迷津，让我们尽快地找出通往成功的路。他们有时候也会将自己成功的经验无偿讲给你听，让你少走弯路。

故事穿越

大学毕业后，李士刚被朋友推荐去了一家珠宝公司任总经理，负责在北京筹建业务。在工作期间，他认识了第一批北京朋友，其中有很多都是在北京的香港人。在这些香港朋友的介绍下，他加入了北京香港商会。利用这个平台，他认识了更多的在北京工作的香港成功人士。

后来，李士刚在朋友的推荐下开始投资房地产。由于当时北京的房地产已经开始非常火热，有时候即使有钱也买不到房子。但在朋友的帮助下，李士刚可以很容易就买到房子，而且还是打折的。几年后，在朋友的建议下，李士刚又陆续把手上的房产变现，赚得了人生的第一桶金。

据李士刚介绍，他目前的资产已经超过八位数，朋友遍及大江南北。他说，自己的事业之所以会这么顺利，完全是因为得到朋友的帮助。

故事微语

在21世纪的今天，在各个领域，社交关系网络都成为一个日渐重要的课题。专业知识固然重要，但朋友也同样重要。

从某种意义上说，朋友是一个人通往财富、荣誉、成功之路的门票，只有拥有了这张门票，你的专业知识才能发挥出足够的作用。

由此可见，要想获得高收入，就一定要多交朋友，一个没有朋友的人，即使他有再多的知识，再多的技能，也很难得到施展才能的空间。

心灵箴言

志道者少友，逐利者多俦。

——王符

志合者，不以山海为远；道乖者，不以咫尺为近。

——葛洪

周围都有好朋友的人，比四面楚歌的人不知幸福多少。

——[美] 卡内基

真正的友谊总是预见对方的需要，而不是宣布自己需要什么。

——[法] 莫洛亚

最好的朋友是那种不喜欢多说，能与你默默相对而又息息相通的人。

——[苏联] 高尔基

第二篇

花香蝶自来，一切只因你值得拥有

俗话说：“花香蝶自来。”人品如花，如果你对待别人是真诚的，那么你也将收获到真诚；如果你对待他们是虚伪的，那么你也必将收获到虚伪。如果一切你都值得拥有，那么上帝也绝不会亏待你。

自信，让你更受欢迎

故事话题

张大梅出生在一个偏远的农村，家境比较贫寒，从小到大都没穿过像样的新衣服，自然就免不了受到别人的嘲笑。为此，她的性格从小就极为内向，不爱与陌生人说话。

后来，她考进了大学，面对诸多的同学，她还是极为自卑，不敢轻易地与周围的同学交往。但是，当看到其他同学都成群结队的时候，她也想与别人成为朋友。学经济管理的她很清楚一个人若是没有自己的社交关系网会是一件多么可怕的事情。所以。她就下定决心要改变自己自卑的性格，积极地与更多的同学、老师交往。

此后，她积极地参加各种社交活动，在平时，只要有机会，她就会积极地暗示自己要去与周围陌生的同学搭讪。在学生会，她抓住一切可以树立自信心的机会展示自己，她积极报名参加各种演讲比赛，还拿了很多奖。她利用业余时间学会了跳舞，以便可以更好地与陌生人接触。渐渐地，自信心也就建立起来了，最终成为朋友圈中极受欢迎的人。大学毕业时，她结交的朋友已经特别多了。

大学毕业后，她就与几个十分要好的朋友共同投资开了一家餐馆，并且经营得相当成功，当然了，她的成功与她凭着自身自信的气质所赢得的人缘是分不开的。

故事解析

结识新朋友对每个人而言都是极为重要的，但是，如何才能使自己更有效率地结识到更多的新朋友呢？美国著名的成功学大师卡耐基说过：“拓展自己的社交关系有许多技巧和方法，但是首先要对自己有信心。”

其实，在现实生活中，像张大梅这种性格的人并不少见，要改变自己，首先就是不要畏惧自卑，即便这种自卑是令人痛苦与害怕的。然后要尝试着一步步地慢慢去改善，直到取得一些突破。一旦有了这样的突破，那么自信心自然就会树立起来，你的个人魅力也会不断地增加。

故事穿越

在某小镇上有一个非常穷困的女孩儿，她失去了父亲，跟母亲相依为命，靠做手工维持生活。这个小女孩儿非常自卑，因为她从来没穿戴过漂亮的衣服和首饰。在这样极为贫寒的家庭中，她长到了18岁。

在女孩儿18岁那年的圣诞节前夕，母亲破天荒地给了她10美元，让她用这笔钱给自己买一份圣诞礼物。

她大喜过望，但是依然没有勇气从大路上大大方方地走过。她捏着这点钱，绕开人群，从一条偏僻的小路上朝商店走。

一路上她看见大家的生活都比自己好，心中不无遗憾地想，我是这个小镇上最最寒碜的女孩儿。当她看到自己特别心仪的男孩儿时，她又酸溜溜地想，今晚盛大的舞会上，不知道哪个漂亮的女孩儿会成为他的舞伴……

女孩儿就这样一路嘀嘀咕咕躲着人群来到了商店。一进门，她感觉自己的眼睛都被刺痛了，她看到柜台上摆着一批特别漂亮的缎子做的首饰。

正当女孩儿站在那里发呆的时候，店长对她说："小姑娘，你的亚麻色的头发真漂亮！如果配上一朵墨绿色的头花，肯定美极了。"她看到价签上写着6美元，就说："我没有足够的钱来购买它，还是不试了。"但这个时候，店长已经把那朵墨绿色的头花戴在了她的头上。

店长拿起镜子让她看看自己。当这个姑娘看到镜子里的自己时，突然呆住了，她从来没有发现自己居然已经出落得这么漂亮，她觉得这朵头花使她变得像天使一样美丽！

女孩儿没再迟疑，掏出钱来买下了这朵头花。她的内心开始变得无比陶醉和激动，她接过店长找的4美元后，转身就往外跑，结果不小心撞到了一个刚刚进门的老绅士身上。她仿佛听到那个老绅士叫了她几声，但她已经顾不上这些了，就一路飘飘忽忽地跑向舞会。

女孩儿不知不觉就跑到了小镇最中间的大路上，她看到所有人都在惊讶地看着她，她仿佛还听到人们在议论说，没想到这个镇子上还有如此漂亮的女孩儿。她又一次遇到了自己心仪的那个男孩，那个男孩竟然叫住她说：今天晚上不知道我能不能荣幸地请你做我圣诞舞会的舞伴？

这个女孩儿高兴得差点跳起来！她想用剩下的这4块钱再去给自己买点其他礼物。于是她又一路小跑回了商店。

刚一进门，那个老绅士就微笑着对女孩儿说：“孩子，我就知道你还会回来的，你出门的时候不小心撞到了我，这个头花也掉下来了，我一直在等着你来取。”

故事微语

故事里的小女孩其实并不是因为美丽的头花而更受欢迎，而是因为她的自信，自信可以让一个人变得更有魅力，变得更被人瞩目，变得更受欢迎。

俗话说：“金无足赤，人无完人。”不管你有先天缺陷还是在后天遇到了诸多的不幸，勇敢地去面对现实吧，自信是人们击败挫折、提升个人交际魅力的武器。敞开心胸、充满信心地与别人交往，是走向光明的最佳途径。而自卑无疑是成功路上的绊脚石，只有果断地抛弃它，才能走得更加平坦。

心灵箴言

有信心的人，可以化渺小为伟大，化平庸为神奇。

——[英] 萧伯纳

坚决的信心，能使平凡的人们，做出惊人的事业。

——[新西兰] 马尔顿

除了人格以外，人生最大的损失，莫过于失掉自信心了。

——[英] 培尔辛

我们对自己抱有的信心，将使别人对我们萌生信心的绿芽。

——[法] 拉劳士福古

任何人都应该有自尊心、自信心、独立性，不然就是奴才。但自尊不是轻人，自信不是自满，独立不是孤立。

——徐特立

微笑，获得友谊的法宝

故事话题

有一次，在一个盛大的宴会上，有一个平日对卡内基颇有意见的钢铁商人在大肆抨击他，说了他很多的坏话，当卡内基到达宴会厅，并且站在人群中听他高谈阔论的时候，他没有看到卡内基，依然在滔滔不绝地述说卡内基的种种不是。

这让宴会的主人感到非常的尴尬，他怕卡内基会忍耐不住，当面反驳并指责对方，这将会使得这个欢乐的场面变成舌战的阵地，但卡内基却一直很安静地站在那里，脸上挂着微笑。等到那个抨击他的人发现卡内基站在那里时，反而感到非常难堪，满面通红地闭上了嘴，准备从人群中钻出去，卡内基的脸上仍然挂着笑容，走上前去热情地跟他握手，好像完全没有听到他刚才说的话。那个抨击他的人脸孔顿时变得煞白，尴尬异常。卡内基给他递了一杯酒，让他有机会来掩饰自己的窘态。

第二天，那个抨击卡内基的钢铁商人亲自来到卡内基的家里，再三向他致歉。从此他变成了卡内基的好朋友，常常称赞卡内基是个了不起的大人物，这使得更多的人都知道卡内基的笑容是和蔼和安详。

故事解析

微笑是人际交往中的见面礼。一般来说，越是成功的人物，越是注意微笑。卡内基曾经说过：“微笑是一种奇怪的电波，它会使别人在不知不觉中同意你。你的成功与失败，与微笑会有很大关系的！”

亚德洛曾在他的名著中写道：“你可能没有留意到，在这个紧张异常的商业社会里，人们因为心情紧张与生活紧张，使得他们的脸孔老是紧绷着，像在生了什么人的气似的——他们不懂得微笑，更不懂得放松！”

请注意你面部的笑容吧，你脸上的微笑会让你更受欢迎，你也会因此而赢得更多的朋友和帮助！

故事穿越

刘子怡是一家公关公司的经理秘书。有一次，有客户到公司来洽谈业务，公司负责人因为临时有事出去了，所以，刘子怡只能先让客户在接待室稍等一下。等刘子怡忙着要泡茶时，才发现没有茶叶了，所以，刘子怡就向客户致歉说，她打电话让人送些茶叶过来，让客户稍等一下。

但是，茶叶送过来后，刘子怡当时也不在场，所以，就把给客户泡茶的事情忘记了。大约半个小时后，与客户洽谈业务的负责人回来了，刘子怡才想起泡茶的事情来。于是。她就赶快泡茶叶，微笑着对客户说：“实在对不起，由于我的疏忽，让您久等了。”

但是，客户看起来却一脸怒色，显然是对刘子怡疏于接待他而气愤。事后，为弥补自己的过失，刘子怡不断地往客户接待室跑，每次去都会面带微笑地询问客户是否还需要其他的服务。但是，客户对刘子怡却始终是冷冰冰的。刘子怡想，一会儿这个客户与负责人洽谈业务时，一定会投诉自己，这个月的奖金就要被扣了。

谁知，在客户谈完业务要离开公司时，刘子怡为了再一次表达自己的歉意，就对客户说：“招待不周的地方，请多多谅解。”这个客户却说：“你刚开始的表现确实不好，不过，你脸上时刻露出的微笑确实让我感动了。”听到这话，刘子怡激动地笑了。

后来，刘子怡一直与这个客户保持着联系，并成为了很好的朋友。

故事微语

微笑着面对陌生人才有可能迅速地拉近彼此之间的距离，在第一时间融化对方的心。微笑是无声的音乐，能够为你传递美好的情感。在人际交往中，微笑具有很大的力量，刘子怡的微笑让客户感到了她的诚意，最终消除了怒气，对刘子怡产生了良好的印象。

关于微笑，美国密歇根大学心理学教授麦克尼尔博士曾经发表过这样的看法：“面带微笑的人，比起紧绷着脸孔的人，在经营、教育方面，更容易获得好的效果。微笑比绷紧的脸孔，藏有更丰富的情感。”所以，要想获得更多的朋友，就在脸上洋溢出微笑吧！

心灵箴言

美是力量，微笑是它的剑。

——[美] 里德

真正值钱的是不花一文钱的微笑。

——[美] 查尔斯·史考勃

人类确有一件有效武器，那就是笑。

——[美] 马克·吐温

美是上帝的微笑，音乐是上帝的声音。

——[美] 卢安·约翰逊

生活就是面对真实的微笑，就是越过障碍注视将来。

——[法] 雨果

知识，是修养的坚强后盾

故事话题

三国时期东吴名将吕蒙以胆气著称，但是他却有勇无谋，没有什么学识，鲁肃也认为他没有什么可取的地方，很是瞧不起他。

一次，东吴郡主孙权开导吕蒙和另外一名将领：“你如今身居要职，掌管国事，应当多读书使自己不断进步。”但是吕蒙却推托说：“军营中的事务繁多，我恐怕是没有时间读书了。”孙权耐心地指出：“我难道要你们去钻研经书做博士吗？只不过是让你们多浏览些书，了解历史往事，增加些见识罢了。你们说，有谁的事务能有我多呢？我年轻时就读过《诗经》《尚书》《礼记》《左传》《国语》。自我执政以来，又仔细研究了三史及各家的兵法，觉得自己大有收益。你们天资聪慧，学习后一定受益匪浅。”

自此后，吕蒙就开始学习，他拥有的学识连一些老儒生也赶不上。当鲁肃再次见到吕蒙时，仍以老眼光看他。但在酒宴上，两人纵论天下之事时，吕蒙的表现让鲁肃非常震惊。酒宴过后，鲁肃还非常感激地接纳了吕蒙的一些方案。

故事解析

从吕蒙的故事中可以看到，没有渊博的学识就很难做到“以理服人”，也就大大地影响到人与人的沟通。底蕴深厚的人就可以旁征博引、引经据典、妙语连珠、舌灿莲花，发表出一些真知灼见，让人心服口服。

一般而言，知识底蕴越深厚的人，越有魅力。优雅的气质源自于良好的修养，而良好修养又通常得益于知识文化上的熏陶。古人说：“腹有诗书气自华。”知识能够使生命进入更深刻的内层，从而使人的气质和风度凸显出来。因此，那些拥有高贵气质的人通常都是知书达理，文化层次较高的人。

故事穿越

唐文宗大和年间，著名诗人李涉坐船到九江去。

李涉在途中遭遇强盗拦劫，眼看就要束手就擒了。面对强悍的绿林大盗，李涉居然机智地立刻吟出一首七绝：“春雨潇潇江上村，绿林豪客夜知闻。他时不用相回避，世上如今半是君。”强盗们听到后大喜过望，于是对他以礼相待，说愿将其放回，只求能把诗留下。

50 多年后，有一位秀才叫李汇征，有事到惠州去，路上因为下雨而借住在一座庄园之中。主人叫韦思明，是一位 80 多岁的老翁。

当晚李汇征和老翁一起煮酒论诗，相谈甚欢。当谈到李涉的诗时，韦思明表示极为喜欢。后来，李汇征便咏起这首“井栏砂宿遇夜客”，韦思明听后非常激动，说道：“我在年轻之时不成材，曾干过绿林的勾当。后来遇到李涉博士，蒙他不弃，把我当成朋友，送了我这首诗，我就从此改邪归正了。李公的这种恩德，我永远不会忘记的。”

故事微语

李涉是一个机智灵活的智者，他准确把握了对方的心理，通过用词巧妙的一首诗就使自己转危为安。如果他不是有着深厚的知识底蕴又如何能扭转局面呢？正是凭借着知识的力量，李涉才拥有如此出众的能力，迅速地让对方对自己产生好感。

由此，我们必须注意加强自身的知识含量，有知识底蕴为依托可以使我们变得更有内涵，更有气质，从而提升自身的形象，而知识底蕴深厚直接影响到沟通的有效性，树立自己在对方心中的良好形象。

心灵箴言

人们常说，常识是两点之间最短的直线。

——[美] 爱默生

知识是产生对人类自由的热爱和原则的唯一源泉。

——[美] 韦伯斯特

敏锐的感觉其有用程度及不上常识的一半；四十个智者方才抵得上一个常识丰富者。只愿带金子的人每天都会为缺少零钱而束手无策。

——[古罗马] 蒲柏

外形，会让你收获惊喜

故事话题

1960 年，尼克松与肯尼迪竞选美国总统，两人的竞争达到了白热化的程度。当时，这两个人的名望与才能大体相当。但是，大多数评论员预料，尼克松将以丰富的经验击败比他缺乏电视演讲经验的肯尼迪。

但是，在最为关键的时候，尼克松却受了伤，只能躺在病床上了。在大选开始之后，艾森豪威尔曾劝尼克松不要同肯尼迪在电视上辩论，但尼克松对自己的电视演讲却极为自信。他把艾森豪威尔的告诫当成了耳旁风，也没有听从电视导演的规劝，去对自己的形象作一番设计。

肯尼迪却没有这样做，他不仅事先对选举过程进行了精心彩排，还专门跑到海滩上晒太阳，养精蓄锐。结果，当他出现在电视屏幕上的时候，精神焕发、满面红光、挥洒自如。而尼克松却因为频频参加各种活动，而显得十分劳累。更为失策的是他的面部因为化了深色的粉妆，因而在屏幕上显得极为疲惫。

最后，因为面容与仪表上的差异与对比，肯尼迪出人意料地获得了胜利。

故事解析

魅力可以让其他人对你产生好感，并且愿意与你交谈，一位有魅力的人可以在社交当中取得事半功倍的成功。而整洁清爽的外在形象是一个人魅力的基础，试想一个外形整洁的人和一个穿着邋遢的人，你更喜欢和哪位交谈呢？

在人际交往的过程中，人们发自内心的好恶亲疏的表现，往往取决于与对方见面之初时对方的形象仪容。如果你在最初与对方交往时仪表或形象不好，就一定会影响你在对方心中的印象。所以，从现在开始，让我们重视我们自身的外在形象吧！

故事穿越

美国著名的形象设计大师乔恩·莫利先生曾做过一个着装实验。这个实验的目的是要搞清楚：按照社会中上层或中下层人士的习惯着装，人们会如何看待他们的成功率，以及将如何与他们相处共事。

着装实验是分两部分进行的：

首先，乔恩·莫利调查了1632个人，他给他们看同一个人的两张照片。但却故意宣称：这不是同一个人，而是一对孪生兄弟。

其中一张照片上的穿着社会中上层人士常穿的卡其色风衣，另一张照片上穿着社会中下层人士常穿的黑色风衣。

乔恩·莫利问调查对象，这两张照片之中哪位是成功者？结果87%的人认为穿卡其色风衣的人是成功者，而只有13%的人认为穿黑色风衣的人是成功者。

然后，乔恩·莫利挑选100个25岁左右的年轻大学毕业生，他们都来自于美国中部中层家庭。他让其中的50个毕业生按照中上层人士的标准着装，而其他50个毕业生按照中下层人士的标准着装。然后将他们分别送到100个公司的办公室，声称是新上任的公司经理助理，进而检验秘书们对他们表现出来的态度。

乔恩·莫利让这些新上任的助理给秘书下达这样的指令：“小姐，请把这些文件给我找出来，送到我的办公室。”说完后扭头便走，不给秘书提出问题的机会。

结果发现，按照中下层人士标准着装的毕业生，仅仅有12个人得到了这些文件，而按照中上层人士标准着装的毕业生，却有42个人得到了这些文件。

显然，秘书们更愿意听从那些按照中上层人士标准着装人的指令，并比较愿意与他们进行配合。

故事微语

乔恩·莫利先生从着装实验得出了如下结论：大多数人都是本能地以外表来判断和衡量一个人的身份和地位，进而决定自己对他的态度。在与人交往的很多时候，一个人的着装情况，将影响到别人对自己的态度、可信度以及配合程度。

干净整洁的外表不仅能够提升自己的魅力，还能让陌生人第一眼就对你产生好感，而且整洁的外形还体现出你对他人的尊重。穿着得体犹如一支动人的乐曲，一首相映成趣的乐章所组成的交响曲。整洁得体的外形会使你在社交场合表现得更加轻松自信、游刃有余。

心灵箴言

人应当一切都美，外貌、衣裳、灵魂、思想。

——[俄] 契诃夫

美貌是一层面纱，它常常用来遮掩许多缺点。

——[俄] 列夫·托尔斯泰

千万不要华丽低俗，因为从衣服上往往可以看出一个人。

——[英] 莎士比亚

谦虚，会让你更受欢迎

故事话题

“胡庆余堂”是胡雪岩毕生的心血。在战火纷飞的年代中，无数金字招牌都未能幸免于难，而“胡庆余堂”却因为胡雪岩的谦虚而支撑了下来。

有一天，一位老人到“胡庆余堂”买药，面露不悦之色，边走边不停地抱怨。掌柜的看到老人是位农夫，买的鹿茸也不多，就不耐烦地赶他走。

这时候，刚好胡雪岩从外面进来了，看到这一幕，便和颜悦色地询问老人：“是不是药店有什么招待不周的地方？”老人见胡雪岩谈吐不凡，知道一定是个管事的人，便对他说：“药店的鹿茸切片放置时间太久，有些返潮，希望贵店不要提前将鹿茸切片，等有人来买时再切会更好些。”

这话刚好被掌柜的听到了，就急忙呵斥对方说：“这里卖的都是上等的鹿茸，不要在这里胡说八道。”

这时胡雪岩却对掌柜摆了摆手说：“不要这样对待老人家。”然后就又对老人家说：“您是这里的常客，您的建议我会虚心接受，保证下次让您买到新鲜的鹿茸。这次您买鹿茸的钱可以退还给您，欢迎下次再来！”

老农夫看到胡雪岩如此谦虚，就大为感动，逢人就夸“胡庆余堂”货真价实，每次进城都会给胡雪岩送些土特产，最后两人成了忘年交。

胡庆

故事解析

胡雪岩的谦虚既维护了药店的信誉，又赢得了一位好朋友。在他的一生中，因为谦虚的品格，还结交了许多其他的朋友。而与此相反，生活中有些人却不懂得这个道理，在人际交往中不懂得收敛自己，自以为是，犯了人际交往的大忌。

谦虚是人类的一种美德，它能对一个人的人际关系产生较为积极的影响，谦虚的人能与朋友相处得更为融洽，谦虚的人不会因为自己身上有优势或优点就目中无人，也不会拿自己的优势在别人面前炫耀。

谦虚就是一种给朋友留余地的智慧，谦虚的人总会给自己一个公正的评价，实事求是，既不贬低自己，又不抬高自己；既能坚持自己的观点，又能虚心地向别人请教。谦虚的人懂得去维护朋友的自尊心，很容易受到朋友的尊重与喜爱，很多成功人士就是依靠谦虚建立起了自己强大的社交网络。

故事穿越

张萍在某名牌大学毕业之后，应聘到了一家杂志社上班。

张萍在初进单位的一段时间里还表现得非常好，但在与单位的其他同事熟悉之后，就开始大谈自己在学校里的“光荣史”，以及自己的能力多么强之类的，并有意无意地冒出一句：“像我这类文采飞扬的人将来一定会在这里成为人上人”的话。其他的同事听后都十分反感，心想：你是人上人，是要把我们踩到脚底下吗？于是，同事们群起而攻之。

结果没到3个月的试用期，张萍就因为受不了来自同事们的压力，最后不得不选择了辞职。

故事微语

试想，张萍在初进单位时，如果可以谨言慎行，与同事亲切交流并适时求教，将更多的精力放在工作中，就会给别人留下一个沉稳谦逊的好印象，还至于受到同事们的一致排挤吗？

在很多时候，吹嘘炫耀可以说是一种自损行为。在与朋友相处的过程中，你的这种行为会让所有的朋友对你产生厌恶，甚至是嫉恨。因此，我们应当尽量杜绝这样的行为，努力以一种谦虚的态度与朋友相处。正如《礼记·曲礼上》所说：“傲不可长，欲不可纵，乐不可极，志不可满。”只有这样，才能让你在第一时间赢得大家的喜爱。

心灵箴言

谦虚是不可缺少的品德。

——[法] 孟德斯鸠

盛满易为灾，谦冲恒受福。

——张廷玉

一个骄傲的人，结果总是在骄傲里毁灭了自己。

——[英] 莎士比亚

第三篇

对方的心灵需要你走进去了解

不管世界上的哪一个国家，情感都能产生巨大的影响力，它能唤起群众的热诚，是最震撼人心的力量。不论是生活还是工作中，怀有一颗感恩的心，往往更容易获得别人的好感。如果你想获得更多的朋友，就需要你走进他们的心。

情不深则无以动人

故事话题

一个“的姐”把一个男孩儿送到指定地点时，男孩儿突然掏出尖刀逼的姐把钱全部交出来。的姐装作害怕的样子交给了歹徒300元钱，并说：“今天就挣了这么点儿，要嫌少就把零钱也给你吧。”说完又拿出了一些零零散散的钱。

男孩儿见“的姐”如此爽快，有些发愣。“的姐”接着说：“你家在哪儿住？我顺道把你送回家吧。天色晚了，家人该等着急了。”

歹徒见“的姐”是个弱女子，也并没有表现出反抗的意思，便把刀收了起来，让“的姐”将自己送到火车站去。

的姐见气氛缓和下来，便不失时机地启发歹徒：“我家里原来也特别困难，我又没有什么技术，后来就跟人家学开车，干起这一行来了。虽然收入不算多，可日子还算过得下去。何况自食其力，也没有人笑话我呢！”见歹徒沉默不语，的姐继续说：“唉，男子汉四肢健全，干点儿啥不行呢，走上这条路这一辈子就算完了。”

的姐将男孩儿送到火车站后，见他要下车，的姐又说：“我刚才给你的钱就算帮你的，用它干点正事，以后别再干这种见不得人的事了。”一直不说话的歹徒听罢突然大哭起来，把300多元钱往的姐手里一塞，说：“姐，谢谢您，我以后饿死也不干这事了。”说完，低着头走了。

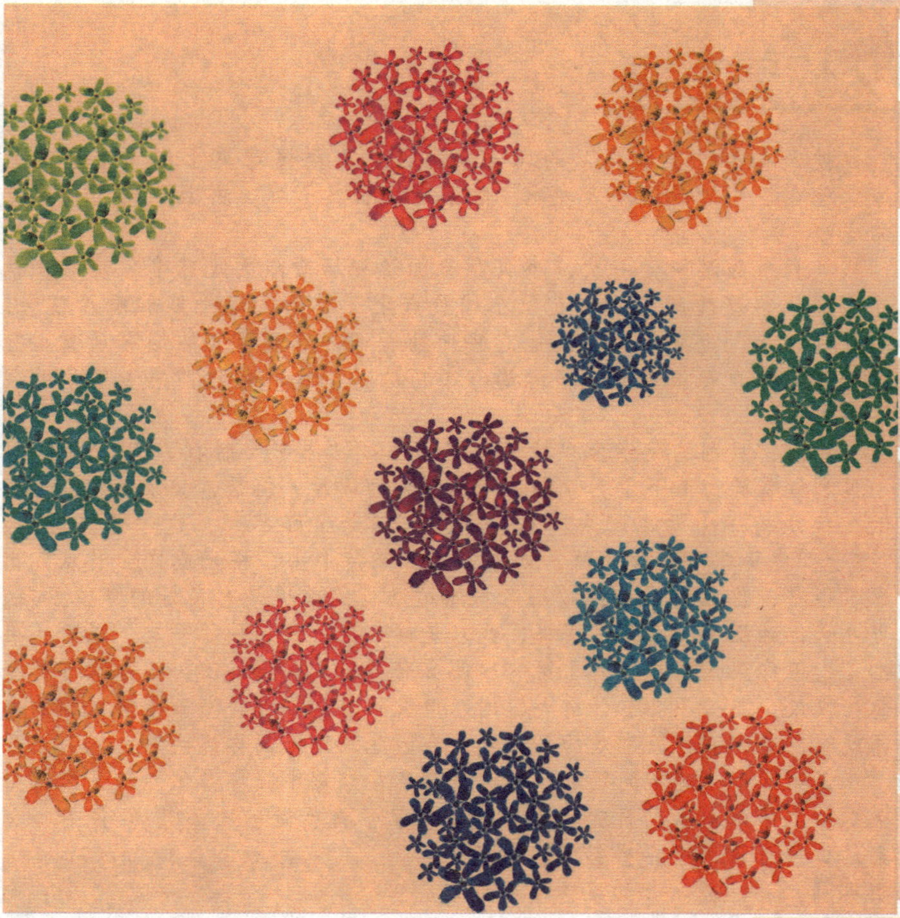

故事解析

聪明的的姐运用了情感这把武器，通过给男孩儿设置情感体验过程消除了他的防范心理，最终达到了说服的目的，真可谓是：情不深则无以动人。

人际交往中，情感对人们的关系起着很多的作用。与人交往、沟通的过程中，如果我们能够调动自身的热情，以情动人。那么，我们便可以调动对方的情绪，开启对方的心灵钥匙，得到对方的信赖，成为对方的朋友，正如白居易所说：“动人心者莫先于情”，在情深处，打动别人便不再那么困难。

故事穿越

被人誉为“黑珍珠”的球王贝利，是人类足球史上享有盛名的天才。他在很小的时候就表现出了在足球方面的天赋，并且取得了很多好的成绩。

贝利小的时候，一次，小贝利参加了一场激烈的足球赛。赛后，伙伴们都累得腰酸腿痛，有几位小球员点上了香烟，说是能够解除疲劳。小贝利见状，也要了一支，他忘我地抽着烟，看着淡淡的烟雾从嘴里吐出来，觉得自己很潇洒、很时尚。不巧的是，这一幕被前来看望他的父亲看到了。

晚上，贝利的父亲坐在椅子上询问他：“你今天抽烟了？”“抽了。”小贝利红着脸，低下了头，准备接受父亲的训斥。但是，父亲并没有这么做。他从椅子上站了起来，在屋子里来回走了好半天，这才开口说话：“孩子，你踢球有几分天赋，如果你好好坚持下去，将来或许会有点儿出息。但是，你应该明白，做一名足球运动员的前提是有良好的身体素质，可今天你抽烟了。也许你会说，我只是第一次，我只抽了一支，以后不再抽了。但你应该明白，有了第一次便会有第二次、第三次……每次你都会想：仅仅一支，不会有什么大碍的。但天长日久，你会渐渐上瘾，你的身体就会变差，而你最喜欢的足球可能会因此渐渐地离你远去。”

说到这里，父亲问贝利：“你是愿意在烟雾中损坏身体，还是愿意做个有出息的足球运动员呢？你已经懂事了，自己做出选择吧。”说着，父亲从口袋里掏出了一沓钞票，递给小贝利，并说道：“如果你不愿意做个有出息的运动员，执意要抽的话，这些钱就给你买烟用吧！”说完，父亲走了出去。

小贝利望着父亲远去的背影，仔细回味着父亲刚才动情入理的话语，不由得伤心地哭了起来。过了一会儿，小贝利止住哭声，拿起钞票，走到父亲的面前：“爸爸，我再也不抽烟了，我一定要做个有出息的运动员。”从此，小贝利的训练变得更加刻苦，终于成为一代球王。

故事微语

从贝利的这则故事中，我们可以看到：人与人之间入情入理的沟通要比训斥好得多。情感，是进入对方的内心，拉近彼此距离的最有力的武器。因此，凡是有沟通的地方就有情感发挥的余地。只要懂得这个道理，情感就会在人际交往中助你一臂之力。

不管世界上的哪一个国家，情感都能产生巨大的影响力，它能唤起群众的热诚，是最震撼人心的力量。美国著名小说家惠赖·凯珊曾经说过："热情是每个做艺术家的秘诀——每位演说家都该是艺术家——这是一个公开的秘密，这正像一个英雄不能拿假的武艺冒充真的本领一样。"情不深则无以动人，当你把热情和活力掺入演说时，往往会使听众不再留心你较小的错误。

心灵箴言

人类的温暖也可能治病。

——[苏联] 罗佐夫

处处热心的人生，是事事满意的人生。

——[美] 帕克

热情常使最机灵的人变成疯子，同时也可使最愚蠢的人变得聪明起来。

——[法] 拉罗什夫科

学会赞扬别人的美好

故事话题

今年刚刚毕业的王婷到一家广告公司应聘客服人员。面试官是一位很漂亮的女士，在谈话中，王婷不停地称赞对方漂亮、有气质。但是，让她失望的是，对方并不为此所动。交谈结束后，面试官对王婷说："你的条件不错，但是经验有些欠缺，我不能保证公司一定会录用你，你回去等我们的通知吧。"

王婷沮丧地向外走，这时一个人问他："面试官是个什么样的人？"问话的是一个年轻人，一副很干练的样子。王婷说："面试官很有气质，知识也挺渊博，谈吐不凡……"

那个人笑了笑说："你回去准备一下，明天就过来上班吧！"

王婷很是惊讶地询问原因。那个人说："我是这里的客户部经理，你能在背后称赞别人，说明你更在意别人的优点，而非缺点，也说明你是一个正直而善良的人，这样的人很适合做客服。"

故事解析

能够赞扬别人的人，往往容易赢得对方的信任与好感。在背后说人好话，还可以消除人与人之间的种种误会，缓解彼此间的矛盾。在背后说别人的好话，会被人认为是发自内心、不带有私心的，从而增强对方对你的好感，消除对方对你的不满。

每个人都喜欢听赞美的话，与陌生人交谈时，如果能适时地赞美对方，更有利于得到对方的好感。在背后说别人的好话，通常会在对方的意料之外，这样就能够迅速地打动对方的心，使其对你产生好感和信任，从而更愿意与你进一步结交。

故事穿越

当卡耐基还是一个小孩子的时候，他就是个有名的坏小子，他的父亲甚至对他已经彻底绝望了。因此，当父亲把卡耐基的继母迎娶进门的时候，父亲不得不提醒他的继母——你面前站着的，是全州最坏最坏的男孩子，他的想象力和精力几乎全用在做坏事上了。

卡耐基的继母并没有因此而嫌弃小卡耐基，而是爱抚地看着他，然后对自己的丈夫说："你错了，他不是全州最坏的男孩子，而是全州最聪明最有创造力的男孩子。只不过，他还没有找到发泄热情的地方。"

继母的话说得卡耐基心里热乎乎的，眼泪几乎滚落下来。因为在继母到来之前，没有一个人称赞过他聪明，所有的话语都在指责他的粗俗和调皮。就是凭着继母的这一句话，他和继母开始建立起了友谊。也就是这一句话，成为激励他一生的动力，使他日后创造了成功的 28 项黄金法则，帮助千千万万的普通人走上成功和致富的道路。

故事微语

赞美一个人，具有改变人生的力量。对于职场上的人来说，赞美的力量同样不可忽视。心理学研究发现：人类本性中都渴望受到夸奖和赞美。人们总是自觉不自觉地用他人的看法和态度来衡量自身的价值，对周围的人的评价非常在乎，有一种被肯定、尊重和赞美的渴望。有时候一句夸奖的话语，会产生意想不到的鼓舞作用。

莎士比亚就曾经说过：“对我们的赞扬就是给我们的报酬。”马克·吐温也曾幽默地说：“凭一句赞扬的话，我就可以活上两个月。”

既然赞美在人际交往中的作用这样大，那么，当我们面对着各种性格、各种爱好的不同人群时，我们何不从对方最感到自豪的地方入手，通过对对方真心的赞美，来拉近和对方的距离，实现更加深入的人际交往呢？

心灵箴言

赞美是美德的影子。

——[英] 塞·巴特勒

称赞不但对人的感情，而且对人的理智也起着很大的作用。

——[俄] 列夫·托尔斯泰

要改变人而不触犯或引起反感，那么，请称赞他们最微小的进步，并称赞每个进步。

——[美] 卡耐基

控制好情绪，正能量示人

故事话题

一天，美国前陆军部长斯坦顿跑到林肯总统这里，气呼呼地说：一位少将居然用侮辱性的话语指责自己偏袒一些人。

林肯建议斯坦顿：你可以写一封内容尖刻的信回敬那家伙，可以狠狠地骂他一顿。

斯坦顿立刻写了一封措辞强烈的信，然后拿给林肯看。

“对了，对了。”林肯高声叫好，“要的就是这个！好好教训他一顿，真写绝了，斯坦顿。”

但是当斯坦顿把信叠好装进信封里，准备邮寄出去时，林肯却叫住他，问道：“你干什么？”

“寄出去呀。”斯坦顿有些不明白林肯为什么问这句话。

“不要胡闹。”林肯大声说：“这封信不能发出去，快把它扔进炉子里去。凡是在生气时写的信，我都是这么处理的。这封信写得好，你在写的时候已经解了气，现在感觉好多了吧？那么就请你将它烧掉，再写第二封信吧。”

故事解析

林肯控制情绪的方式是培养自我监控能力的一条有效途径。我们要控制好自己的情绪，不要轻易发脾气，学会正能量示人，因为这关系到自己能否在这社会上游刃有余地生存下去。

有时候，掌控不住情绪，在脾气上来时，不管不顾地发泄一通，会让场面变得十分难堪。生活中，每个人都难免会碰到不顺心的时候。但是，一定要学会将情绪马上收回来。

自古以来，评价一个人的标准，是看一个人的涵养和做事风格，然后就会知道他是不是可塑之才，是否有大将之风。因此你要成为人上人，除了常识与能力之外，还得学会控制好自己的情绪。

故事穿越

有个小男孩儿，总是控制不好自己的情绪，动不动就发脾气，令家里人十分伤脑筋。

一天，父亲给了小男孩儿一大包钉子和一只铁锤，要求他每发一次脾气都用铁锤在家里后院的栅栏上钉一颗钉子。

第一天，小男孩儿就在栅栏上钉了30多颗钉子。他看着这密密麻麻的钉子，才知道自己的脾气有多坏，于是决定改一下脾气。随着时间的推移，小男孩儿在栅栏上钉的钉子越来越少了。

一段时间之后，小男孩儿变得不再乱发脾气了。于是父亲对他建议说："如果你能坚持一整天不发脾气，就从栅栏上拔下一颗钉子。"又过了很长一段时间，小男孩儿终于把栅栏上所有的钉子都拔掉了。

这时候，父亲拉着儿子的手来到后院的栅栏边，对他说："儿子，你做得很好。可是，你看看那些钉子在栅栏上留下的那些小孔，多丑啊，栅栏再也不会是曾经的样子了。当你向别人发过脾气之后，你的话语就像这些钉子孔一样，会在人们的心中留下疤痕。你这样做就好比将刀子刺入了别人的身体，然后再拔出来。无论你说多少次‘对不起’，那伤口却永远也不会消失的。”

故事微语

不良情绪不仅会让你身边的人受到伤害，也会让自己受到伤害。我们应努力学会管理好自己的情绪，以豁达开朗、积极乐观的健康心态对待他人，而不是让急躁、消极等不良情绪影响自己。

我们在发脾气的时候应该先让自己平静下来，不要让自己的情绪影响自己的言行，进而影响别人的心情。我们应该做自己情绪的主人，情绪处理得好，可以将阻力化为助力，帮你解危化险。情绪若处理得不好，便容易产生一些非理性的言行举止，轻则误事受挫，重则酿成大祸。

心灵箴言

怒不过夺，喜不过予。

——荀子

真正的管理人是去管理人的情绪。

——顾修全

能控制好自己情绪的人，比能拿下一座城池的将军更伟大。

——[法] 拿破仑

如果能左右自己的思想，就能够控制自己的情感。

——[美] 克莱门特·斯通

成功的秘诀就在于懂得怎样控制痛苦与快乐这股力量，而不为这股力量所反制。如果你能做到这点，就能掌握住自己的人生，反之，你的人生就无法掌握。

——[美] 安东尼·罗宾斯

雪中送炭是一种高尚的情操

故事话题

北宋名相司马光的仕途并非一直春风得意，在他失意赋闲在家时，也曾一度消沉。好在司马光热爱读书，喜欢交朋友，与友人在一起举杯小酌，谈古论今，也好打发时光。

在司马光担任宰相后，日理万机，案头文书堆积如山，其中有不少是旧友的来信。这些人在给司马光的信中，多半是回忆往日时光，想要勾起司马光的怀旧情结，然后便会叙述个人目前处境如何不好，大有怀才不遇的感叹，继而或暗示、或者恬不知耻地表示希望得到司马光的提携……

司马光对这些来信并不是全部都回复，对其中啼饥号寒者有时也给予适当的接济；对有意进取功名者则会回信表示鼓励；对厚颜讨官要爵者则置之不理。

司马光之所以这样做，并不是不念旧情。人情冷暖，他自然心知肚明，他有时也会忆起往日时光，对旧友中那些德行好、有才气的人，他也并没有忘掉。

有一天，史馆的刘器之来拜望司马光。两人在谈完公事后，司马光问刘器之："器之，你可曾知道，你是怎样进入史馆的？""知道知道！若不是君实[司马光]兄推荐，器之将依旧是布衣寒士……"

不等刘器之说完感恩图报之类的话，司马光又问他道："那你可知我为何要推荐你呢？""知道知道！这完全是君实兄有念旧之情……""哈

哈！这点你就说错了！我的故友旧交倒确实不少，如果仅因念旧而荐人，那朝廷里不到处都会有我的旧友？”

刘器之听后一脸茫然，他静待司马光说下去。

司马光于是接着说道：“在我赋闲居家时，你经常去我那里。我们在一起谈文论史，各抒己见，有时还争得面红耳赤。回想起那段时光还真有些怀念。我当时心境不好，你常常宽慰我、鼓励我。我那时无权无势，能有你这样的朋友，真是幸事！后来我做了官，如今已是宰相，那些过去的泛泛之交，甚至仅见过一面、对答过几句话的人都纷纷给我来信。借叙旧为名行要官之实。可只有你是从不给我来信的人！你并不因为我居高位而生依附之心，你对我一无所求，依旧读书做学问！对失意人不踩，对得意人不捧，这就是你与其他人的最大不同处。我就是冲这一点才竭力向朝廷推荐你的……”

刘器之听罢，起身对司马光深深作揖，说道：“君实兄知我，我由此更知君实兄！”

故事解析

对待那些落魄的朋友，我们同样要嘘寒问暖。俗话说：“患难见真情。”只有在别人危难的时候，方可看出人情的冷暖。倘若在朋友落魄时给予一点帮助，无疑就是“雪中送炭”，这无疑会加深你们之间的友谊。

没有一帆风顺的人生，每个人都会经历许许多多的艰难与困苦。当你遇到艰难险阻时，你需要的是帮助你架桥搭梯、雪中送炭的人。在此时愿意帮助你的人，才是你真正的朋友。同样，我们不仅要重视那些春风得意的朋友，更不可忽视那些落魄失意的朋友。

故事穿越

晋代有一个名叫荀巨伯的人，他在得知朋友生病卧床后，便前去探望。恰巧赶上敌军攻破城池，烧杀掳掠无恶不作，百姓们纷纷携妻带子，四散逃难。朋友劝荀巨伯说："你赶快逃命去吧，我重病在身，根本逃不了，更何况我自知已活不长了，跟着我只能拖累你，你赶快离开这里吧！"

荀巨伯并不是贪生怕死的人，他对朋友说："我怎么能弃你于不顾呢？你把我看成什么人了？我不辞山高路远来此地，就是为了照顾你。现在，敌军进城，你重病在身，我更不能扔下你不管。"说完转身到厨房给朋友熬药去了。

朋友语重心长地劝了荀巨伯半天，让他快点逃走，但是荀巨伯却对朋友端药倒水，跟没听见一样，之后，他反倒安慰朋友说："你就安心养病吧！不要管我，我不会有事的，我在这里你还有个照应，最起码天塌下来我还能替你顶着！"

这时只听"砰"的一声，门被踢开了，冲进来几个凶神恶煞般的士兵，冲着他们大声喊叫道："你们是什么人？好大的胆子！还敢在这里逗留，你们难道不怕死吗？"

荀巨伯站起身，从容地走到士兵跟前，指着躺在床上的朋友说："我的朋友病得很厉害，根本无法下地走路，我怎么可以丢下他独自逃命呢？请你们快快离开这里吧，别吓坏了我的朋友，如果你们有什么事尽管找我好了。如果要死，我可以替他死，对此我绝不会皱一下眉头。"

原本凶神恶煞般的士兵，对荀巨伯的大义凛然和无畏态度很是钦佩，语气较先前缓和了许多，说道："没想到这里还有品格如此高尚的人，这样的人咱们怎么好加害呢？走吧！"说完，敌军便离开了。

故事微语

从苟巨伯的故事中可见，一个懂得善待自己落魄朋友的人，不仅会赢得朋友的真心，而且也会感动他人，让别人敬佩自己。可是现实中的不少人总是可以敏感地觉察到自己的苦处，却对别人的痛处缺乏了解。他们不了解别人的需要，更不会花时间去了解；有的人甚至在知道朋友需要帮助的时候，依然佯装不知。

虽然很少有人能做到“人饥己饥，人溺己溺”的境界，但我们至少可以时刻关心那些需要帮助的朋友，帮助他们脱离困境。这样不仅能维系感情，而且在某天自己遇到困难的时候，也比较容易获得朋友的帮助。

心灵箴言

赠人玫瑰，手有余香。

——谚语

最好的满足就是给别人以满足。

——[法] 拉布吕耶尔

我们能尽情享受的,只是施与的快乐。

——[澳大利亚] 穆克

感恩的心，感谢有你

故事话题

在一个闹饥荒的城市，一个家庭殷实而且心地善良的面包师将城里最穷的几十个孩子聚集起来，然后拿出一个盛有面包的篮子，对孩子们说："这个篮子里的面包你们一人一个，在上帝带来好光景以前，你们每天都可以来拿走一个面包。"

瞬间，这些饥饿的孩子们涌了上来，他们围着篮子推来挤去地大声叫嚷着，大家都想拿到最大的面包。当孩子们每人都拿到了面包后，竟然没有一个人想起向这位好心的面包师说声谢谢，就走了。

这里面只有一个叫依娃的小女孩却是个例外，她既没有同大家一起叫嚷，也没有与其他人一样争抢。她只是谦让地站在一步之外，等别的孩子都拿到面包以后，才拿起剩在篮子里面的最小的一个面包。她并没有着急离去，而是向面包师表示了感谢，并亲吻了面包师的手之后才向家的方向走去。

第二天，面包师再次把盛有面包的篮子放到了孩子们的面前，其他孩子依旧像昨天一样疯抢着，羞怯、可怜的依娃这次只得到了一个比头一天还要小得多的面包。当她回家以后，妈妈切开面包，许多亮闪闪的银币掉了出来。

妈妈惊讶地叫道："立即把钱送回去，一定是面包师在揉面的时候不小心揉进去的。赶快去，依娃，赶快去！"当依娃将妈妈的话告诉面包师的时候，面包师慈爱地对依娃说："不，我的孩子，这并没有错，银币是我放进小面包里面奖励你的，愿你永远保持像现在这样感恩的心。回家去吧，告诉你妈妈这些钱是你的了。"依娃激动地跑回了家，将这个令人兴奋的消息告诉了妈妈，这是她的感恩之心得到的回报。

故事解析

有一位智者曾说：“我们天天都在索取——向人群索取名声，向市场索取财富，向爱人索取幸福，向保健品索取健康……什么时候你知道了感恩和回报，你就能好好地生活下去。”

在别人给予自己某种帮助的时候，一句感恩的话，不仅能拉近彼此的距离，也会成为双方更深一步交往的起点。

著名决策咨询专家王力曾经说过：“感恩有利于‘降躁’，因为年轻人容易浮躁；感恩可以减压，因为年轻人‘找不到北’的时候容易压力大；感恩可以让你慢慢地升温，感恩可以让你慢慢扩容。”人有了感恩之心，就会有“第二性格”，也会由此改变自己的命运。因为感恩的“直接功能”，能提升一个人的人品，从而进一步提升一个人的“社交关系”。不论是生活还是工作中，怀有一颗感恩的心，往往更容易获得别人的好感。

故事穿越

一个生活贫困的男孩儿为了积攒下个学期的学费，正在挨家挨户地推销商品。

傍晚时，男孩儿感到疲惫不堪，饥饿难挨，但是他的推销却很不顺利，甚至于让他产生了绝望。这时，他敲开一扇门，希望主人能给他一杯水喝，最好能给自己一个面包吃。开门的是一位美丽的小女孩儿，她却给了男孩儿一大杯浓浓的热牛奶，并告诉男孩儿："妈妈告诉我，在别人需要帮助的时候，不要吝啬自己的援助之手。"

许多年后，男孩儿成了一位著名的外科大夫。一位患病的妇女，因为病情过于严重，以至于当地的大夫都束手无策，于是便被转到了那位著名的外科大夫所在的医院。

这位外科大夫在为妇女做完手术后，惊喜地发现那位妇女竟然是自己多年前饥寒交迫的时候，热情地给过他一大杯牛奶的的小女孩儿，当年正是那杯热奶使他对生活又鼓足了信心。

结果，当这位妇女正在为昂贵的手术费发愁时，却在她的手术费单上看到一行字：手术费=一杯热牛奶。

故事微语

在别人需要帮助的时候尽可能地给予帮助，你的人际关系将变得更加和谐，当你有困难的时候，对方才会愿意帮助你、回报你。所以说：一颗充满感恩的心是你一生的财富。

一位哲人说：“一个不肯助人的人，他必然会在有生之年遭遇到大困难，并且大大伤害到其他人。”是的，人要想在社会上生活是不可能脱离这个世界的。你的一举一动无不与别人存在着千丝万缕的联系；你的一言一行也都会对别人产生或大或小的影响。

我们必须认识到“我为人人，人人为我”这个道理，人与人“相互支撑”是社会生活的法则。如果你撑一把伞给我，我撑一把伞给你，我们就能共同撑起一个和谐的社会。

心灵箴言

生活需要一颗感恩的心来创造，一颗感恩的心需要生活来滋养。

——王符

蜜蜂从花中啜蜜，离开时营营地道谢。浮夸的蝴蝶却相信花是应该向他道谢的。

——[印] 泰戈尔

做人就像蜡烛一样，有一分热，发一分光，给人以光明，给人以温暖。

——肖楚女

第四篇

真君子，珍惜难能可贵的友谊

友情是一种纯洁、高尚、朴素、平凡的感情，也是浪漫、动人、坚实、永恒的情感。没有人可以离得开友情，一旦没有了友情，生活就不会有悦耳的和声。我们每个人都要珍惜自己身边那份难能可贵的友谊，因为，它会让你的生活更加绚丽缤纷！

志趣相投是一种难得的缘分

故事话题

俞伯牙从小就酷爱音乐，他的师父成连曾带着他到东海的蓬莱山，领略大自然的壮美和神奇，这让他从中悟出了音乐的真谛。

俞伯牙弹起琴来，琴声犹如高山流水一般优美动听。虽然，很多人都赞美俞伯牙的琴艺，但他却认为仍然没有遇到真正能听懂他琴声的人。所以，他一直在寻觅自己的知音。

有一年，俞伯牙奉晋王之命出使楚国。八月十五那天，他乘船来到汉阳江口。恰好遇到风浪，于是他就将船停泊在了一座小山下。晚上，风浪逐渐平息下来，云开月出，景色非常迷人。望着空中的一轮明月，俞伯牙琴兴大发，拿出随身携带的琴，专心致志地弹了起来。

俞伯牙弹了一曲又一曲，正当他完全沉醉在优美的音乐之中的时候，猛然看到一个人正在岸边一动不动地站着。俞伯牙大吃一惊，手下用力，“啪”的一声，琴弦被拨断了一根。俞伯牙正在猜测岸边的人为何一动不动地站在那里，就听到那个人大声地对俞伯牙说：“先生，您不要疑心，我是个打柴的，回家晚了，走到这里听到您在弹琴，觉得琴声绝妙，不由得站在这里听了起来。”

俞伯牙借着月光仔细一看，那个人的身旁放着一担干柴，确实是个打柴的人。俞伯牙心想：一个樵夫，怎么能听懂我的琴声呢？于是俞伯牙就问这个樵夫：“你既然懂得琴声，那就请你说说看，我弹的是一首什么曲子？”

听了俞伯牙的问话，那个樵夫笑着回答：“先生，您刚才弹的是孔子赞叹弟子颜回的曲谱，只可惜，您在弹到第四句的时候，琴弦断了。”

樵夫的回答一点不错，俞伯牙不禁喜出望外，忙邀请他到船上来细谈。樵夫看到俞伯牙弹的琴，便说：“这是瑶琴，相传是伏羲氏造的。”接着他便把这瑶琴的来历说了出来。听了樵夫的这番讲述，俞伯牙心中不由佩服起来。接着俞伯牙又为樵夫弹了几曲，请他辨识其中之意。当他弹奏的琴声雄壮高亢的时候，樵夫说：“这琴声，表达了高山的雄伟气势。”当琴声变得清新流畅时，樵夫说：“这后弹的琴声，表达的是无尽的流水。”

俞伯牙听了不禁惊喜万分，自己用琴声表达的心意，此前从没有人能听懂，而眼前的这个樵夫，竟然能够听得懂。没想到，在这野岭之下，竟遇到自己久觅不到的知音。俩人越谈越投机，相见恨晚，结拜为兄弟。

故事解析

志趣相投是一种难得的缘分，钟子期和俞伯牙的友情千百年来一直为人所传诵。志趣相投的人更容易找到彼此都感兴趣的话题，更容易产生互动。和志趣相投的人交朋友更容易产生共鸣，他们所追求的目标大都相似，可以彼此鼓励，共同进步。

孔子说“无友不如己者”，所以“有朋自远方来，不亦乐乎。”在生活旅程中，朋友就像阳光一样照耀着我们，温暖着我们。当我们满怀疲惫时，朋友的关爱给了我们慰藉和坚强；当我们面对失败时，朋友的鼓励给了我们信心和力量；当我们欢呼成功时，朋友的祝福给了我们喜悦和动力。而志趣相投的朋友无疑是最难能可贵的。

故事穿越

春秋时，楚平王招纳贤士。西羌积石山有一个读书人，名叫左伯桃，自幼无父无母，独自谋生。

左伯桃在闲暇时，特别喜爱读书，手不释卷。听说楚元王招纳贤士，于是，带了一囊书，辞别乡邻亲友后，直奔楚国而来。

左伯桃走到雍州时，已经是隆冬之日，雨雪交加。左伯桃迎风走了一天，衣服都湿透了，眼看天色已晚，想找个住处暂时安身。见远处竹林中，隐隐约约露出灯光，便径直走了过去。到了跟前，只见矮矮的篱笆，围着一间草屋。于是推开篱笆门，轻轻敲动房门，里面的人应声而出。

左伯桃急忙上前施礼道："我本是西羌人，姓左，名伯桃。想去楚国，不料中途遇上雨雪，找不到住宿的地方。想向您求宿一夜，明早就走，不知您能否行个方便？"那人听了，急忙还礼，将左伯桃请进到屋内。

伯桃入内一看，屋里只有一张床。床上堆积着一些书本，除此之外也没有什么其他的物件了。伯桃明白这也是一个读书人，就想行大礼，那人说："现在可不是讲礼节的时候，先弄火烘干了衣服再唠。"于是生起竹火堆，让伯桃先烘干衣服。

这人然后开始准备酒饭，款待伯桃。伯桃请问姓名，那人道："我姓羊，双名角哀，自幼父母双亡，独自在此居住。平时酷爱读书，以致田地荒废。今天有幸遇到有学问的人来，只恨家贫没有什么好东西招待，还请多多包涵。"伯桃说："阴雨之中，得蒙收留，还有酒食相待，感激之情如何能忘。"

当夜两人抵足而眠，共同探讨学问，直到天明之后，但见外面的大雨还没有停，角哀于是留伯桃住在家里，尽其所有招待他，两人遂结为异姓兄弟。

故事微语

左伯桃和羊角哀志趣相投，自然便会有共同的话题，惺惺相惜，成为了患难与共的好朋友。志趣相投的人一般都比较容易了解对方内心深处的想法，更容易理解对方的行为，在对方遇到困难的时候，更容易施以援助之手。

志趣相投的人更容易感同身受地理解对方的烦忧和快乐，也更容易让对方分享自己的喜忧。以心灵的契合作为友谊的基础，把朋友间的思想共鸣看得高于一切，不浮躁，不虚伪，便会收获难得的友情。

心灵箴言

行同趋同，千里相从；行不合趋不同，对门不通。

——刘安

信赖一个人之前，先同他一块儿吃掉一大堆盐。

——佚名

习与正人居之，不能无正也；犹生长于齐，不能不齐语也。

——贾谊

选择朋友要慢，改换朋友要更慢。

——[美] 富兰克林

我们想的是如何养生，如何聚财，如何加固屋顶，如何备齐衣衫；而聪明人考虑的却是怎样选择最宝贵的东西——朋友。

——[美] 爱默生

真诚的人值得信赖

故事话题

巴金与冰心有着 60 余年友情。早年巴金就从冰心的诗中感受到了温暖和安慰，他曾说：“从她的作品那里我们得到了不少的温暖和安慰。我们知道了爱星、爱海，而且我们从那些亲切而美丽的语句里重温了我们永久失去了的母爱。”

20 世纪 30 年代初期，巴金与冰心在北京相识，冰心第一次看到巴金，就把他当成自己的亲弟弟：“我爱他就像爱自己的亲弟弟一样……他的可爱，就是为人的真诚，他对恋爱和婚姻的态度上的严肃和专一。”

40 年代初，巴金为深处困难之中的冰心编辑出版了《冰心著作集》，两人从此成为患难与共的朋友。此后即使冰心远在日本，两人依然保持着密切的联系。这段友谊，随着时间的流逝，经过历史风雨的洗礼，愈久愈厚，愈久愈香。

80 年代，巴金与冰心的友谊有了进一步的深化与升华，这一对文学界的老友，成为人生难得的知己。

1994 年 1 月 3 日冰心在巴金画像旁题写赠言：“人生得一知己足矣，此际当以同怀视之。”巴金也在题字中说：“冰心大姊的存在就是一种巨大的力量，她是一盏明灯，照亮我前面的道路，她比我更乐观。灯亮着，我放心地大步向前。灯亮着，我不会感到孤独。”

故事解析

朋友之间最需要的是真诚，交友之道，重在一颗真诚的心。巴金和冰心友谊的开始，是受到了彼此高尚人格的吸引，巴金从冰心的作品中获得温暖和安慰，冰心尊重巴金为人的真诚，这段友情从最开始就没有被掺入任何功利的成分，是最纯粹的心与心真诚的交往。

朋友就像一面镜子，我们对镜子做什么表情，镜子便会回馈给我们什么表情。只有真诚待人，才能收获到别人的真诚。让我们真诚地交友，坦诚相见，以心换心。

故事穿越

早年，尼泊尔的喜马拉雅山南麓很少有外国人涉足。后来，许多日本人到这里观光旅游，据说这是源于一位少年的诚信。一天，几位日本摄影师请当地一位少年代买啤酒，这位少年为次跑了3个多小时。第二天，那个少年又自告奋勇地再替他们买啤酒。这次摄影师们给了他很多钱，但直到第三天下午那个少年还没回来。于是，摄影师们议论纷纷，都认为那个少年把钱骗走了。第三天夜里，那个少年却敲开了摄影师的门。原来，他只购得4瓶啤酒，尔后，他又翻过了一座山，趟过一条河才购得另外6瓶，返回时摔坏了3瓶。他哭着拿着碎玻璃片，向摄影师交回零钱，在场的人无不动容。这个故事使许多外国人深受感动。后来，到这儿的游客就越来越多……

故事微语

真诚的人值得信赖，基本不会有人拒绝和真诚的人交往。真诚的人容易从心底感动他人并最终获得他人的信任。曾国藩曾说：“一念不生是谓诚，故诚之中，必能形于外。”朋友之间最重要的是真诚，真诚的朋友才是称心如意的朋友。

和真诚的人做朋友，友情不会因为时间或距离而变淡，反而经过风雨的洗礼后，友谊的酒会变得更加醇厚香浓。

心灵箴言

同声相应，同气相求。

——《周易》

同声自相应，同心自相知。

——傅玄

同类相比，同声相应，固天理也。

——庄子

同是天涯沦落人，相逢何必曾相识。

——白居易

为着品德而去眷恋一个情人，总是一件很美的事。

——[古希腊] 柏拉图

真正的朋友可以同甘共苦

故事话题

在公元前4世纪，意大利的一个叫皮司阿休的年轻人不小心触犯了残暴的国王犹奥尼索司，而将被判处以绞刑。

皮司阿休是个孝子，因为身处异乡，临死前想回到家中和父母做最后的诀别，但是这并没能得到国王的允许。

皮司阿休的朋友达蒙知道这件事情之后，就当即向国王请求说："若皮司阿休不能够如期赶回来，我可以替他服刑。"这样一来，国王才勉强应允了皮司阿休的请求。

几天过去了，行刑的日子已经临近了，皮司阿休却依然杳无音信。当时的人们都嘲笑达蒙太傻了，竟然敢用自己的生命来帮助朋友。

临刑之日如期到来，达蒙被带上了绞刑架，此时，在场所有的人们都悄无声息地等待着这一幕悲剧的来临。

突然，远方传来了皮司阿休的声音，他飞奔在暴雨中向众人高声喊道："我回来了！"随即便泪流满面地拥抱着自己的好朋友达蒙，与他作最后的诀别。

这时候，在场的所有人都泪流满面，连残暴的国王都被这一幕感动了，随即便赦免了皮司阿休的罪行。

故事解析

在皮司阿休受难时，达蒙能够勇敢地站出来帮助他，这是真正的朋友。真正的朋友并不是只能同甘而不能共苦的，没有谁的人生总是一帆风顺的，在朋友出现困难，处于危难之时的帮助，会让朋友感到更加温暖。

真正的朋友应该“有福同享，有难同当”，当朋友需要帮助的时候，应该主动地去帮助对方走出困境，并怀着一颗诚挚的心去对待朋友、鼓励朋友，这样在以后的岁月中，朋友才会去珍惜你，你们的友谊才能持续得更为久远。

故事穿越

董浩大学毕业后就投身于商海，经过努力，创建了一家属于自己的小公司。

可是就在前不久，因为自己管理方面的失误，使他苦心经营的小公司破产了，同时还欠下了巨额的债务，被人追得到处跑。

沮丧的董浩想起了与自己一起长大的好朋友郑东。

他想，虽然以前曾帮助过郑东，可那也是很久以前的事情了，不知道郑东还会不会记得自己。想到这里，他又放弃了，觉得自己没颜面再去见其他人。

过了几天，他已经身无分文，正当他不知何去何从的时候，郑东却过来找他了。

郑东看到朋友这样，很生气地数落他："你现在为什么不去找我？如果不是从你父母那里知道你在这里，我还找不到你呢！"董浩很是感动，说自己不想给他添麻烦。

郑东听到这话说："我们是朋友，应该同甘共苦！"这一刻，董浩千言万语噎在喉咙里，一句话都说不出来。

他没想到郑东还在深深地记挂着自己，并没有因为落魄而嫌弃自己。

后来，董浩与郑东住在了一起，郑东不仅尽力地劝解他，还拿出自己多年的存款帮他解决目前所遇到的债务问题。

从那以后，董浩也调整好了心态，瞅准了机会，到银行贷了款，终于东山再起，不但还清了贷款，还有了安定的生活。

几年后，郑东的儿子身患顽疾，董浩二话不说，立即拿出30万元为他找最好的医院。因为郑东那句话至今都让自己动容："朋友就是同甘共苦的！"

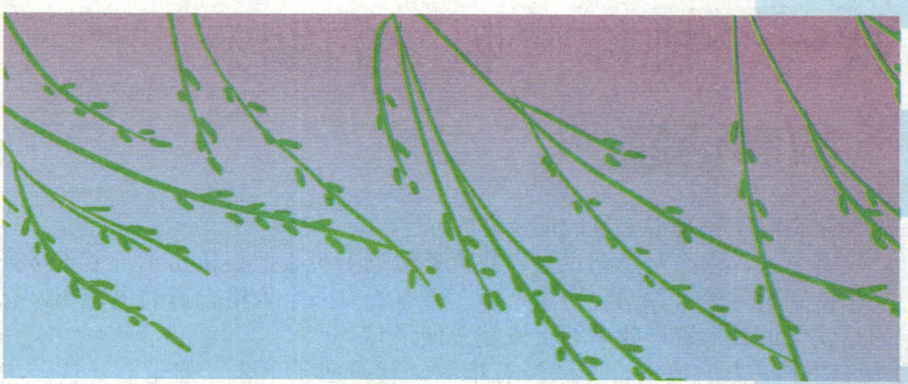

故事微语

在董浩有难的时候，郑东能够在关键时候挺身而出，帮他渡过难关，这是真正的朋友。真正的朋友不会在自己身处困难之时，抛弃自己，反而会尽己所能地帮助自己渡过难关，重振精神，即使没有能力给自己提供物质帮助，也会默默地安慰自己，宽慰自己，给自己最大的精神支持。

中国有句古话：患难见真情。这句话，点明了友谊的本质——共同患难的友谊才能更长久。只能同甘却不能共苦的朋友在某种程度上来讲，并不是真正的朋友。

心灵箴言

少年乐相知，衰暮思故友。

——韩愈

山河不足重，重在遇知己。

——鲍溶

天下快意之事莫若友，快友之事莫若谈。

——蒲松龄

世界上用得最普遍的名词是朋友，但是最难得到的也是朋友。

——谚语

仁爱的话，仁爱的诺言，嘴上说起来是容易的，只有在患难的时候，才能看见朋友的真心。

——[俄] 克雷洛夫

找一个挑你“刺”的朋友

故事话题

宋杰与李鹏是很要好的朋友。

有一次，宋杰对李鹏说：“我老婆最近不小心把腿扭伤了，上班挤公交车特别不方便。你帮我留意一下，看有没有一个价格合适的电瓶车，有的话就告诉我，这样我老婆上班就方便了！”

对于宋杰的请求，李鹏没有推辞，就答应了下来。但是，一周过去了，都没有遇到价格合适的车子。宋杰很是着急，有一天下班后到公司车棚，准备骑自己的车回家，正要离开时，他看到旁边有一辆黄色电瓶车，主人可能由于疏忽忘了拔钥匙。于是宋杰就动了邪念，把自己的车锁在那里，先把那辆车骑回家了。

第二天，李鹏刚好在旧货市场看到一辆价格比较合适的车子，就跟宋杰联系，宋杰就说自己已经弄到了一辆，并把事情的原委告诉了李鹏，李鹏很是吃惊，接下来就赶到宋杰家里，苦口婆心地劝宋杰，让他赶紧把车给送回去，否则，后果将会很严重。在李鹏的劝说下，宋杰把车送回车棚中。

第二天，车主就找到宋杰说：“其实，你的行为已经被录下来了，看到你今天把车送回来的份上，就不再追究。如果晚一点儿，我可能就报案了。”

这时，宋杰才意识到这次的错误行为差点儿把自己给毁了，多亏了自己的好朋友李鹏帮助自己及时地改正了错误，宋杰觉得，李鹏才是自己的真朋友，并从此对他心存感激。

当宋杰犯了错误后，因为李鹏及时地进行了劝解，最终才使他免于酿成大错，这是对朋友真正的关爱。

故事解析

朋友分许多种，我们在与朋友交往中要以君子之行作为楷模。君子对人表示真正的友好，从不会去袒护朋友的缺点。要知道，真正的朋友，是不仅仅会从小事上去关心朋友，更重要的还会适时地指出对方的错误，帮助朋友改正错误，而不是盲目地维护朋友，纵容朋友。

所以，与朋友相处时，不仅要在关键的时候去帮助朋友、鼓励朋友，从小事上去关心朋友，更要适时地指出朋友的错误，帮助他改正缺点，这样朋友才会对你心存感激，你才能赢得朋友的信任和忠诚，让你们的友谊持续得更为长久。

故事穿越

魏徵，唐巨鹿人，是唐朝的著名政治家。

贞观中后期，唐朝的整个社会的形势日趋稳定。李世民对建国之初的困境渐渐淡忘，励精图治的锐气也几乎消磨殆尽了，而帝王的奢侈之心却大了起来。饱经忧患的魏徵，看在眼里，急在心里。

有一次，李世民去洛阳，路上住在显仁宫。大队人马安顿下来，侍女奉茶，李世民一看茶盘、茶杯都是几年前来这儿用过的旧银器，心中很不痛快，命人将总管叫来，狠狠地训斥了一通。总管心想：贞观初年，皇上您自己那么节俭，怎么如今嫌这嫌那的呢？嘴上却不得不认错，赶忙命御厨将李世民的晚餐多加了几道海鲜。谁料，晚上，李世民来到餐桌前，瞥了一眼饭菜，又大为不悦："怎么搞的，海味不见新奇，山珍又少得可怜，总管哪里去了？快把他贬为百姓！"说罢便拂袖而去。

第二天，魏徵知道了这件事情后，便来到李世民的内宫。这时的魏徵已是李世民的宠信之臣，进出较为方便，与李世民的讲话也自在得多。在进行完君臣之礼后，魏徵转入正题："陛下，臣闻皇上为总管侍奉不好而发脾气，臣以为这是个不好的苗头。"

李世民不解："我大唐国家殷实，多花几个小钱有什么了不起？再说，我可是一国之君啊！"

魏徵深感李世民"当局者迷"，便决计为他指点"迷津"："陛下，正因为您是一国之君，所以您一开头，马上上行下效，整个社会就要形成一种奢靡的风气，那就糟了。"

"爱卿，请不要把话说得这么严重。国君就我一人，其他人谁敢向我看齐？"

魏徵越发感到问题的严重性，心想：皇上经常把隋亡的教训挂在嘴

上，何不以此来警策皇上呢？

“陛下，当年隋炀帝巡游，每到一地，就因地方上不献食物或贡物不精而被责罚。如此无限制地追求享受，结果使老百姓负担不起，导致人心思变，江山丢失。皇上怎么能效法隋炀帝呢？”

李世民大为震惊：“难道我是在效法隋炀帝吗？”

“是的，陛下！像显仁宫这样的供应，如果知足的话，会很感满足的。但如果炀帝来，即使供应再丰盛精美一万倍，也难填他的欲壑。”

李世民听了既震惊又感动：“爱卿，除了你，其他人是讲不出这种话的啊！”

魏徵去世后，李世民曾在魏徵像前说：“我用铜作镜子，可以正衣冠；用历史作镜子，可以知兴衰；用人作镜子，可以了解得失。今天魏徵去世了，我失去了一面镜子啊！”

故事微语

魏徵之所以能被唐太宗视为“镜子”，就在于他敢于指出唐太宗的缺点，不像其他人一样敢怒不敢言，唯唯诺诺。

德国哲学家费尔巴哈在谈到如何对待朋友这个问题时说：“那些只懂得在朋友面前谄谀者是假的朋友，他们甚至会赞颂朋友的缺点，并对之赞之若神；而真正的朋友会主动去爱自己的朋友，赞颂他的德行，同时还会适时地指出他的缺点，并帮助他改正错误。”也就是说，真正的朋友应该是互相批评、互相促进、共同求发展的。

心灵箴言

人生得一知己足矣。

——鲁迅

人之相知，贵在知心。

——李陵

人生所贵在知己，四海相逢骨肉亲。

——李贺

人生最美丽的回忆就是他同别人的友谊。

——[美] 林肯

言而有信的人最美

故事话题

两位来自美国的游客来到北京，准备进百货公司逛逛。他们刚走到门口，就发现路旁边的货架上有一堆特价鞋，旁边还有这样醒目的大牌子："超值特价，原价 200 元，一折即可穿走。"他们觉得 20 元钱就能买到这么漂亮的大红鞋，很是兴奋。

但是，这两位游客很快就发现适合他们脚码的鞋子有个破洞，他们当即向店长指出了这鞋子的毛病，店长当即表明只要他们愿意多等一天，第二天她便会将合适的鞋子送到他们的住处。两位游客看着店长真挚的目光，答应了她，并留下了联系方式。

第二天，天降大雨，两位游客心想店长肯定不可能来了，于是坐着出租车去会见其他朋友了。天黑后，他们回到住处一看，店长正在暴雨之中等着他们。

后来，两位游客和店长成为了好朋友，每当他们旅游到北京，总是像老朋友一样去看看这个店长，甚至还会给她带些小礼物。

住

故事解析

店长的言而有信感动了那两位外国游客，使他们对她产生了好感，最终与鞋店店长结下深厚的友谊。言而有信是一种高尚的品质和情操，能够做到言而有信既体现了你对朋友的尊敬，也表现了你对自己的尊重。

言而有信的能量是巨大的，一个讲信用的人让对方从心理上产生交往安全感，愿意跟你深交。信用对每个人来说都异常重要，一旦丧失了信用，人们就没有了安全感。从这个意义上说，能够守信的人更容易受到大家的欢迎和爱戴。

故事穿越

日本麦当劳株式会社社长藤田接受美国某公司订制的500万副刀与叉的合同，交货日期是为这年的8月1日。

藤田社长组织了几家工厂同时生产这批刀叉，但是这些工厂却一再误工，预计7月27日才能完工，但是从东京运往美国芝加哥的路途十分遥远，所以，8月1日肯定交不了货。唯一的办法，只有空运。但是空运费用昂贵，这将使他损失很大一笔利润。

这时，藤田面临这样的选择：一面是损失的利润，一面是看不见摸不着的信用。他考虑再三，依然决定采用空运，将货物及时运抵芝加哥，按时交出了货物。

这样做无疑使藤田遭受了很大的经济损失，但是他却赢得了美国这家公司的信任。在以后的几年里，美国该公司都会向日本麦当劳株式会社订制大量的餐具，藤田也因此得到了更为丰厚的利润。

故事微语

俗话说："人无信不立。"意思是指诚信是一个人立身的根本，尤其是处于当今这个现代化的经济社会中，更应注重诚信。想要在朋友面前建立一个诚信的形象，就要从小事做起。从点点滴滴做起，只有在朋友面前诚实守信、言出必行，才能与朋友的关系维护得更长久。

在生活中，人们也总是喜欢和那些诚实守信的人结交朋友，而对于背信弃义的人则敬而远之。只有守信的人，才有更多的人愿意与他结交朋友，也才有更多的人愿意与他维持朋友关系。因此，可以说：诚信是友情长存的"保鲜剂"。如果你想成为一个受欢迎的人，就先从诚信做起吧！

心灵箴言

言不信者，行不果。

——墨子

生命不可能从谎言中开出灿烂的鲜花。

——[德] 海涅

诚实是力量的一种象征，它显示着一个人的高度自重和内心的安全感与尊严感。

——[美] 艾琳·卡瑟

第五篇

投资人情，充实你的社交存折

人情世故是大家日常生活中积累的或约定俗成的行为规则。一般而言，人情世故能帮助你缓和与其他人之间的关系，也比较容易让其他人在与你交往的时候产生愉悦感与亲近感。从现在起，投资你的人情，充实自己的社交存折吧！

亲人给予我们无限动力

故事话题

在战国时期，各诸侯国相互联姻，这样做的根本目的就在于寻求联合，建立一种亲戚关系。

公元前287年，楚国被秦、赵、韩等国围攻，眼看楚国都城郢就要被攻陷了，楚王十分着急上火。

这时一个叫钟和的大臣建议道："大王何不派人去求助百越族呢？想当初大王不是嫁了一位女儿过去吗？"楚王仔细想了想，因为嫁出去的女儿太多了，一时想不起来具体是哪一位女儿了。但是，目前有这个力量总比没有要好，于是，他派钟和携礼到百越族去求助。

百越是当时居住在今广东省、福建省沿海的少数民族，虽人数不多，但个个骁勇善战，是一个战斗力很强的民族。百越族首领在听到楚王的求助消息后，欣然允诺相助，立即下令调遣士兵组成了一支两万人的军队前去楚国。

最后，在楚国与秦国的交界处，秦、赵、韩三国的军队与楚、百越的军队进行了一场决战，结果，在百越族的大力支援下，楚国不但保住了都城郢，还一举击溃了秦、赵、韩三国联军，取得了决定性的胜利。

故事解析

在关键时刻，求助于亲戚是一种明智的选择。亲情在很大程度上不会受到人情冷暖的影响，求助的成功率也相对较高。血浓于水的亲情是我们心灵的寄托，在为人处世的情感生活中，亲人之间的情感往往是最真诚、最持久的。

兄弟姐妹之间相互体贴关心，互相帮助，尊长爱幼，互谅互让，生活在这样的家庭环境中，自然会觉得心情舒畅、甜美幸福。从亲人那里，我们能学到做人的道理，体会到人间最温暖的真情，并寻觅到推动我们不断向前的巨大动力，让我们战胜困难，最终获取成功。

故事穿越

2008年5月12日14时28分04秒，四川省汶川、北川，8级强震猝然袭来，大地颤抖，山河移位，到处都是满目疮痍，大家仿佛都在面临一场生离死别。一位父亲在安顿好受伤的妻子后，便立刻冲向他7岁儿子所在的学校。

当父亲看到儿子所在的那幢教学楼已然变成废墟时，他顿时感到眼前一片漆黑，哭着大声喊道："我的儿子！"突然，他想起自己曾对儿子说的话："不论发生什么，我总会跟你在一起！"于是，他仿佛全身都充满了力量，一步步地走向那片废墟，开始挖掘起来。

很多人从他身边经过，都劝他不要再挖了，说在这种情况下，他的儿子不可能有生还的可能了。但是这位父亲并不理会别人，而是不顾一切地一个劲儿地挖着，他挖了8小时、12小时、24小时、36小时，当挖到第38小时时，他终于找到了他的儿子，此外还发现了其他幸存的14名同学。此时，这对父子无比幸福地拥抱在了一起。

故事微语

在这个废墟中挖掘了38小时，也就是挖了1昼夜又14小时，这是多么惊人的数字。正是亲情的力量，给了他这么坚强的毅力，一定要找到自己的儿子。

亲情是最伟大、最自然的情感，我们要加倍珍惜和爱护它，懂得它的可贵的同时，还要采取行动对这些感情进行维护和加温。每个人都有三亲六戚，与这些亲戚来往应该成为人际交往中的一项重要内容。

亲戚之间是血浓于水的关系，这种特定的关系决定了彼此之间的联系的亲密性。亲戚之间经常走动，你来我往，才会加深彼此的感情。

心灵箴言

谁言寸草心，报得三春晖。

——孟郊

母子之情是世界上最神圣的情感。

——[法] 大仲马

我们有谁看到从别人处所受的恩惠有比子女从父母处所受的恩惠更多呢?

——[古希腊] 色诺芬

朋友是我们的财富

故事话题

姚崇是唐玄宗时期有名的宰相。姚崇有一位叫张宗全的秀才朋友，他深谙为友之道，并因此而受益，被姚崇提拔为三品官。

一次，老师要姚崇和张宗全就某个题目做一篇文章，两天之后再交予他。他们都为此作了精心的准备，将自认为写得最好的一篇交给了老师。事有凑巧，姚崇和张宗全所写的内容几乎完全一样，且观点也基本一致。这使得老师为此大为恼火：没想到自己门下最得意的两个门生竟然剽窃他人的作品，这如何是好？

姚崇据理力争，声明文章绝对没有剽窃。张宗全也声明自己的作品并非剽窃他人，但为了平息老师的怒火，他便对老师说：“前两天与姚崇兄论及此题，姚兄高谈阔论，学生深感佩服，遂引以为论。”

老师听到此番话，才知道错怪了这两位学生。姚崇不由得为张宗全的广阔胸襟所感动，于是在任职宰相之后，便向唐玄宗推荐张宗全。唐玄宗在亲自考核张宗全的才华之后，便封了他正三品官衔。

故事解析

从姚崇和张宗全的故事中我们可以看出：朋友之间相互扶持十分重要，朋友不仅会帮自己解围，还会帮助自己抓住良好的机遇，成就事业上的成功。

为友谊播下真诚的种子，为自己建立起通达的社交关系，不知不觉中，你会发现你的人生达到了“天时、地利、人和”的美好境界。有句俗话说得好：“在家靠父母，出门靠朋友”，多一个朋友多一条路。要想人爱己，己须先爱人。就如同一个人为防以后出现不测，而养成平时便储蓄的习惯一样，只有时刻不忘以诚待人，才能为自己“储存”更多的友情。

故事穿越

越战时期，美军常常出动飞机进行狂轰滥炸。在一次空袭中一颗罪恶的炸弹落进了一个孤儿院，部分工作人员和孩子当场丧命。幸存的孩子中有几个受了重伤，急需马上抢救。幸运的是，两个外国救援医生非常及时地赶到了事发现场。

急救中，一个生命垂危的孩子需要及时输血。因为没有血浆，所以只好在孩子们中找血源。经过检验，其中的几个孩子符合输血要求。可新的问题马上就出现了，两位医生是外籍人，只会少量的越南语，而工作人员和孩子们根本听不懂他们的讲话。

外籍医生连比带划用十分不流利的越南语说："这位小朋友伤势严重，需要你们给他输血，同意的请举手！"孩子们点点头，好像听懂了，但是并没有人举手同意，眼里还露出一丝恐惧！医生一下子愣住了，这是什么原因呢？是自己没说清楚吗？

忽然，有个小男孩儿慢慢地举起了小手，但刚举到一半又放下了，再次举起再次放下，直到第三次举起来，再也没有放下。

医生很高兴，熟练地开始给小男孩儿抽血。小男孩儿躺在床上，看着针管插入自己细小的胳膊，血液一点点地流入针筒，不觉泪流满面，神情凄然。医生立刻紧张地询问是不是弄疼了他，小男孩儿摇摇头。可眼泪还是止也止不住。医生慌了，觉得有点不对劲，但又不知道问题出在哪里。正在这时，一位懂外语的越南医生赶到了，在了解情况后，忙低头和这个小男孩儿沟通起来。不一会儿，小男孩儿便破涕为笑。

原来，孩子们全都误解了外籍医生的话，以为是要抽光他们的血去救那个生命垂危的孩子，然后自己就只能死去。这个举手的小男孩儿，想到不久以后就要离开人世，离开朝夕相处的小伙伴们，才不由自主地哭了起来。

通过越南医生的翻译，两位外籍医生终于明白了孩子们不肯出来献血的原因了。但他们还有一事不明："既然知道献血会死，为什么你还要自愿出来献血呢？"医生问那个勇敢的小男孩儿。

"他是我的好朋友！"小男孩儿满怀深情地说道。这短短的一句话，只有七个字，却掷地有声，感动了两位外籍医生和其他所有在场的人。

故事微语

小男孩儿掷地有声的7个字感动了大家，朋友是我们的财富，拥有一些忠实可靠的朋友，是人生中最大的幸福。他们可以和我们共同分享快乐和悲伤，帮助我们度过困难，战胜挫折，给我们无限前进的动力，让我们时刻被爱暖暖地包围。

莎士比亚曾经说过："朋友间必须是患难相济，那才能说得上是真正的友谊。你有伤心事，他也哭泣；你睡不着，他也难安歇；不管你遇上任何困难，他都心甘情愿和你分担。"朋友有时候就是这样无私，所以，有几个真心的好朋友无疑是人生宝贵的财富。

心灵箴言

海内存知己，天涯若比邻。

——王勃

莫愁前路无知己，天下谁人不识君。

——高适

交朋友要交有义气的人，正如聪明的医师治病前必须切脉考察病根，交朋友也必须考察对方的品德，否则是危险的。

——佚名

爱朋友，喜欢朋友，用诚意去对待朋友，但不要依赖朋友，更不要苛求朋友。能做到这几点，你才可以享受到交友的快乐。

——罗兰

把痛苦告诉给你的知心朋友，痛苦就会减掉一半；把快乐与你的朋友分享，快乐就会增加一倍。友谊的作用就是这么神奇！

——[英] 培根

远亲不如近邻

故事话题

有一位老作家，独自一人住在一栋高层楼房之中，有一天不慎摔倒在客厅之中，无法动弹，而此时无论他怎么呼喊救命，外面都不可能有人会听到。

于是，这位老作家急中生智，用手中的茶杯拼命敲击暖气片，终于惊动了楼上一位恰好在家的小伙子。小伙子跑下来一看，便赶忙叫了救护车将老人送进了医院，在老人住院期间，小伙子还时不时地去探望老人，嘘寒问暖，无微不至。老人病愈之后便和小伙子结成了忘年之交。

在这个小伙子的帮助下，老作家在几年以后又出版了一部著作，而小伙子也在老作家的影响和帮助下发表了很多文章。

故事解析

诚然，在我们日常生活中，这种特殊的情况并不多见，但邻居往往能在一些紧急情况下向你提供必要的救助。所以我们一定要正确处理邻里关系，与邻居和谐相处，构筑良好的人际关系。俗话说“远亲不如近邻”，其意便是如此。

邻里关系也是一种重要的关系，除了属于自己的那个温馨小家，邻居即成为我们必须接触的最小单位。和他们关系的好坏将直接影响到我们日常的心情和生活。在邻居需要帮助的时候，不要吝啬自己的援助之手，等自己需要帮助的时候，也可以恰当地求助邻居，毕竟他们是我们能够最快接触到的对象。

故事穿越

胜利村东头有一口古井。古井里的水甘甜可口，村里的人都喜欢到这儿取水。

小红家离古井才10来米远。她家的邻居是一对年过七旬的老人。男的是个老党员，在战争时期腿负了伤，所以现在走起路来还是一瘸一拐的；女的身子很单薄，经常是药罐子不离口，不能承担太多的家务。老两口只有一个女儿，在外地教书，一年到头也难得回家几趟。

小红小的时候经常到老奶奶家，缠着老人给自己讲故事，父母忙的时候，她也会偶尔在老人家吃点晚饭。

小红家见两位老人用水困难，便总是帮着挑几担水给老人们用。两位老人多次表示，要给小红家一些报酬，可是他们不肯接受，说：“您的女儿不方便照顾您，就让我们来照顾您吧。”邻居老人听后特别感动，经常逢人便说自己邻居对自己的照顾。

两家人在一起几十年了，依然和和睦睦的。

故事微语

和邻居们建立一种良好的关系，会使我们的生活变得更和谐美满。邻居是我们必须接触的最小单位。他们能够给我们提供适时的照顾和帮助，解一时燃眉之急。而我们也应该在邻居出现困难，需要帮助的时候，及时地给予他们帮助。

有一个好邻居，就能使自己多一位良师益友。天地之间，人们互相依存，不可能独自生存，而这必然少不了与人交往。一个好邻居可以让自己在遇到困难时及时得到帮助，也可以让自己感受到更多的关心和爱护，其乐融融。

心灵箴言

多年邻居变成亲。

——谚语

邻居好，胜金宝。

——谚语

动身之前，要找好伴侣；盖房之前，要找好邻居。

——阿富汗谚语

亲不亲，故乡人

故事话题

小丽在大学毕业之后，到广东准备找份合适的工作。当她在一家合资的外贸公司面试的时候，发现面试的人非常多，而且大部分都是名牌大学的毕业生，很多人讲英文都比她的中文还流利……

在她几乎绝望的时候，她突然发现面试她的主管有一点她们家乡的地方口音，于是她灵光一动，抓住这个机会，迅速调整语速，也讲了几句家乡话。

招聘主管在听了她的讲话之后，神情大悦。接着，他们用家乡话攀谈起来，原来他们两家的距离并不远。

之后，不出她的所料，招聘主管把工作岗位留给了她。之后，她在这家公司表现出了极强的业务能力，不到一年便升职为业务经理。

故事解析

老乡关系是一笔巨大的财富，只要你运用得当，你就会广结人缘。搞好老乡关系，可以让你一辈子受益无穷。

在外地，能与众多同乡取得联系的一种方式是“同乡会”。在同乡会中站稳了脚跟，跟其他老乡处理好关系，就等于建立起了一个社交网络。也许有一天，你就会发现这个关系网络的作用是多么巨大。

老乡关系是很特殊的朋友关系，也是一种很重要的人际关系。老乡关系会让你有一份“圈子”内的温情存乎于心。

故事穿越

小彤毕业后几年，经过自身努力，终于坐到了营销部总监的位置，负责销售A公司的医疗器械。一次，她到一家公司去推销她的产品。

小彤：“您好，张经理吧，我是A公司营销部总监小彤。”

张经理：“您好，李总给我打过电话了，请坐。”

小彤：“张经理很年轻啊，听口音像是河北人吧？”

张经理：“是啊，我是邢台人。”

小彤：“我也是邢台人啊，难怪看到您就感觉格外的亲切。”

“这是我们公司的资料，请您过目一下。”小彤将公司的介绍、产品报价以及市场调查情况等都交给了张经理……

故事微语

在异乡一般会有恋乡情结，对方离乡愈久、离乡愈远，心中的那种情就愈沉、愈深。老乡之间可用“乡音”引起共鸣，它会起到勾起老乡思乡之情的作用，然后会在这种感情的支配下，就很可能会加深你们之间的情感。

俗话说：“亲不亲，故乡人。”他乡遇老乡也是一种难得的缘分。我们应该珍惜这种缘分，借用乡情关系作为自己接洽更多同乡人的纽带，让自己获得更大的社交网络，认识更多的人。

心灵箴言

老乡见老乡，两眼泪汪汪。

——谚语

美不美，家乡水；亲不亲，故乡人。

——谚语

君自故乡来，应知故乡事。来日绮窗前，寒梅著花未？

——王维

擦肩而过也是一种缘分

故事话题

董伟在一次出差时，在飞机上与邻座的张艳聊了起来。张艳以前是律师，后来经过自己的不断努力开起了公司。董伟想：这么有能力的人，自己应该多向人家学习才是。于是，就主动与张艳交谈起来，谁知两人越聊越投机，到达目的地后，还互相交换了名片，想以后继续保持联系。

几个月后，恰巧董伟所在的公司倒闭了，他在外面找了很长一段时间的工作，也没有碰到十分合适的，心里十分着急。

有一天，董伟忽然想起了张艳，于是就给对方打了个电话，说明了自己的情况，张艳随即就说自己朋友的公司正在招人，那里的岗位可能很适合董伟。一个星期后，董伟就顺利地找到了新的工作。

故事解析

董伟的经历也说明：在生活中陌生人也可能会成为朋友，也可能在关键时刻帮助自己，他们或许能够改变你的命运，使你的人生之路走得更为顺畅。所以，一定不要忽视随时可能与我们擦肩而过的陌生人。

擦肩而过也是一种难得的缘分，茫茫人海，大家相遇的几率都特别小，如果你在不经意间认识了某个人，并且通过进一步的接触，成为了志趣相投的好朋友，那么也一定要好好珍惜。

故事穿越

亚历桑德拉是一个穷困潦倒的人，在一个寒冷昏暗的天气里，他帮助一个老太太更换轮胎后，老太太问他，应该付给他多少钱，多少钱对她来说都不为过。但亚历桑德拉对她说，如果她真想回报的话，那么下次看到别人需要帮助的时候，伸出援手帮助别人就可以了。

老太太驱车走了几英里后，看到一家小咖啡馆，此时，她正想吃点东西暖暖身子再走完回家的最后一段路程。当她看到女服务员有了身孕仍然面带甜美的微笑对她进行服务的时候，她想到了亚历桑德拉。

老太太在用完餐后给了服务员100美元。当服务员拿回找的钱时，老太太已经离开了，在餐巾纸上留下了这样的话：“有人刚刚帮助了我，就像我帮助你一样。如果你想回报我，那么请你这样做：不要让爱的链条在你这里终结。”在餐巾纸下，有几张100美元的钞票。

而这个服务员就是亚历桑德拉的妻子。

故事微语

我们的一生当中会遇到许多帮助过我们的人，有时候是我们的亲朋好友、老乡邻居，但有时候却是从未谋面的陌生人，这也是一种难得的缘分。

俗话说：赠人玫瑰，手留余香。在我们遇到陌生人需要帮助的时候，也要尽量去帮助他们。有时候帮助别人的同时也是在帮助自己。大家相互帮助，爱的链接不终结的话，那么这个世界将会变得多么美好啊！大家的生活将会变得多么和睦！

心灵箴言

要善待陌生人，因为下一个陌生人就是你。

——佚名

在这个危险的世界也要勇敢地先对一个陌生人示好，如果不想陌生人敌对你的话。良性循环不能只等待下一个人开始，对吗?

——何炅

一个人如果对待陌生人亲切而有礼貌，那他一定是一位真诚而富有同情心的好人，他的心常和别人的心联系在一起，而不是孤立的。

——[英] 培根

心灵榜样微史话

林肯

林肯（1809—1865），美国政治家、思想家。第 16 任美国总统，其任总统期间，美国爆发内战，史称南北战争，林肯坚决反对国家分裂。他废除了叛乱各州的奴隶制度，颁布了《宅地法》《解放黑人奴隶宣言》。但南北战争之后北方有几个支持联邦政府的州却仍被林肯允许可继续保有奴隶制度。林肯击败了南方分离势力，维护了美利坚联邦及其领土上不分人种、人人生而平等的权利。内战结束后不久，林肯遇刺身亡，是第一个遭遇刺杀的美国总统，也是首位共和党籍总统，曾位列最伟大总统排名第一位，也是当今评出的最有作为的总统之一。

美国互联网上曾于 2005 年举办票选活动——《最伟大的美国人》，林肯被选为美国最伟大人物中的第二位。公众称他为“诚实的老亚伯”和“伟大的解放者”。他说自己永远是鞋匠的儿子。

儒勒·凡尔纳

儒勒·凡尔纳（1828—1905），19 世纪法国著名小说家、剧作家及诗人。凡尔纳出生于法国港口城市南特的一个中产阶级家庭，在与出版商埃泽尔父子合作期间，凡尔纳的文学创作事业取得了巨大成功，他的不少作品被翻译成多种语言，受到了各国读者的喜爱。

凡尔纳一生创作了大量优秀的文学作品，代表作有《海底两万里》《八十天环游地球》《神秘岛》《格兰特船长的儿女》《气球上的五星期》等。他的作品对科幻文学流派有着重要的影响，因此他与赫伯特·乔治·威尔斯一道，被称作“科幻小说之父”。

据联合国教科文组织的资料，凡尔纳是世界上被翻译的作品最多的第二大名家，仅次于阿加莎·克里斯蒂，位于莎士比亚之上。在法国，2005 年被定为凡尔纳年，以纪念他百年忌辰。

恩格斯

恩格斯（1820—1895），是德国哲学家、思想家、革命家，国际共产主义运动的伟大导师和领袖、近代共产主义的奠基人。他是马克思主义的创始人之一，还是马克思的亲密战友，和马克思共同撰写了《共产党宣言》，共同创立了科学共产主义理论；参加了第一国际的领导工作。

马克思逝世后，他承担整理和出版《资本论》遗稿的工作，还肩负领导国际工人运动的重担。除同马克思合撰著作外，他还著有《自然辩证法》《家庭、私有制、国家的起源》。

麦克斯韦

詹姆斯·克拉克·麦克斯韦，英国物理学家、数学家。经典电动力学的创始人，统计物理学的奠基人之一。科学史上，称牛顿把天上和地上的运动规律统一起来，是实现第一次大综合；麦克斯韦则把电、光统一起来，是实现第二次大综合，因此应与牛顿齐名。1873 年出版的《论电和磁》，也被尊为继牛顿《自然哲学的数学原理》之后的一部最重要的物理学经典之作。

1931 年，爱因斯坦在麦克斯韦百年诞辰的纪念会上，评价其建树“是牛顿以来，物理学最深刻和最富有成果的工作”。

麦克斯韦在电磁学上取得的的成就被誉为继艾萨克·牛顿之后，“物理学的第二次大统一”。麦克斯韦被普遍认为是对 20 世纪最有影响力的 19 世纪物理学家。他对基础自然科学的贡献仅次于艾萨克·牛顿。

柯克·道格拉斯

柯克·道格拉斯，1916 年出生，美国著名影视演员、导演、制片人、企业家。代表作品有《夺得锦标归》《梵高传》《光荣之路》《大鹰啸》等。

柯克·道格拉斯是一个来自穷困家庭的人，但他是一个成绩优异的学生。1946 年他第一次在大银幕中亮相，出演了影片《玛莎伊瓦丝的爱》。战后退伍回到演艺圈。

1948 年他出演了影片《独自行走》。1949 年在影片《夺得锦标归》

里饰演矫健的拳击手，获奥斯卡最佳男主角提名。在 50—60 年代是著名的硬汉型巨星，曾以 1953 年《玉女奇男》和 1956 年《梵高传》再度提名金像奖。50 年代晚期成立自己的制作公司，开拍了《光荣之路》《万夫莫敌》等佳作。1960 年他与库布里克合作主演了影片《斯巴达克斯》，这部影片也成为他演艺事业中的一个里程碑。

阿里

阿里原名卡修斯·马塞勒斯·克莱。12 岁开始练拳击。1959、1960 年两获金手套大赛冠军，此后加入职业选手行列。1964 年，击败了当时拳力最重的拳王利斯顿，夺得世界重量级拳击冠军。1965 年，再战利斯顿，仅用 1 分 42 秒就将利斯顿击倒获胜。这次卫冕成功轰动了世界拳坛。1967 年因拒绝应征入伍，被判 5 年徒刑。后虽经保释，仍被吊销拳击执照至 1970 年。1974 年再获世界冠军。1978 年第三次获世界重量级拳击冠军。

阿里拳法多变，步伐灵活，出拳快速有力，体力充沛，动作协调。在职业拳击生涯中，共进行 60 场比赛，胜 56 场，其中 37 场将对手击倒在地。1996 年亚特兰大奥运会上，被选为点亮开幕式火炬的运动员。1998 年，阿里获联合国和平信使奖。2012 年 12 月 4 日，在世界拳击理事会成立 50 周年庆典上，阿里获颁“拳王”称号，并佩戴王冠。曾被授予美国“总统自由勋章”。

贝利

贝利，1940 年出生在巴西的一个贫寒家庭，是 20 世纪最伟大的体育明星，被国际足联授予“球王”称号。

贝利在职业生涯中总共攻进惊人的 1283 个球，一生中获得过无数荣誉、创造过无数纪录的贝利曾 4 次代表巴西国家队征战世界杯，共打进 12 球，其中在世界杯决赛打进 3 球，三次捧得世界杯［第 6、7、9 届］，为祖国巴西永久保留雷米特杯。1980 年被欧美 20 多家媒体记者评为 20 世纪最杰出的运动员之首，1987 年 6 月他被授予国际足联金质勋章，1999 年被国际奥委会选举为“世纪运动员”，2004 年 FIFA 国际足联百年庆典，他与“足球皇帝”贝肯鲍尔共同获得 FIFA 世纪最佳球员和足球名人大奖。

2013 年度国际足联颁奖礼在瑞士苏黎世举行。贝利获得首次颁发的国际足联荣誉金球奖，球王激动得泪洒现场。

吕蒙

吕蒙（178—219），字子明，东汉末年名将，汝南富陂人。少年时依附姊夫邓当，随孙策为将。以胆气著称，累封别部司马。

孙权统事后，渐受重用，从破黄祖作先锋，封横野中郎将。从围曹仁于南郡，破朱光于皖城，累功拜庐江太守。后进占荆南三郡，计擒郝普，在逍遥津之战中奋勇抵抗张辽军追袭，并于濡须数御魏军，以功除左护军、虎威将军。鲁肃去世后，代守陆口，设计袭取荆州，击败蜀汉名将关羽，使东吴国土面积大增，拜南郡太守，封孱陵侯，受勋殊隆。

吕蒙发愤勤学的事迹，成为了中国古代将领以勤补拙、笃志力学的代表，与其有关的成语有“士别三日”“刮目相待”“吴下阿蒙”等。他义结同僚，助徐顾等抚育孤儿，又宏量不计较与蔡遗、甘宁间的私怨，反而在主上之前替其作美言。

魏徵

魏徵（580—643），字玄成。祖籍河北巨鹿。唐朝政治家。曾任谏议大夫、左光禄大夫，封郑国公，谥文贞，为凌烟阁二十四功臣之一。以直谏敢言著称，是中国史上最负盛名的谏臣。

末动乱，魏徵历经坎坷，曾经五易其主。窦建德失败以后，魏徵和裴矩一起入关二次投唐。当时的太子李建成欣赏他的才能，引荐他为太子洗马。玄武门之变后，继任的太子李世民没有追究他的责任，先引为太子宫詹事主簿，即位后又拜谏议大夫，封钜鹿县男，直到贞观十七年病卒于任。

魏徵以性格刚直、才识超卓、敢于犯颜直谏著称。魏徵所上《谏太宗一思疏》《十渐不克终疏》，在当时和后世都有重要影响。

司马光

司马光（1019—1086），字君实，号迂叟，汉族，陕州夏县涑水乡人，世称涑水先生，北宋政治家、史学家、文学家。历仕仁宗、英宗、神宗、哲宗四朝，卒赠太师、温国公，谥文正，为人温良谦恭、刚正不阿；做事用功刻苦、勤奋。以“日力不足，继之以夜”自诩，其人格堪称儒学教化下的典范，历来受人景仰。

宋仁宗时中进士，英宗时进龙图阁直学士。宋神宗时，反对王安石施行变法，朝廷内外有许多人反对，司马光就是其中之一。王安石变法以后，司马光离开朝廷 15 年，主持编纂了中国历史上第一部编年体通史《资治通鉴》。生平著作甚多，主要有史学巨著《资治通鉴》《温国文正司马公文集》《稽古录》《涑水记闻》《潜虚》等。

郭小川

郭小川原名郭恩大，中国近代著名诗人，出生于河北省丰宁满族自治县凤山镇（原属热河省）一个知识分子家庭。笔名：郭苏、伟倜、健风、湘云、登云、丁云、晓船、袖春等，父母均系教师。他幼年在家乡读书，随父读过两年私塾。

1933 年，日寇侵占热河，他随全家逃难北平。少年时代，他就“过早地同我们的祖国在一起负担着巨大的忧患”（《向困难进军》）。“一二·九”运动后，他积极投身于抗日救亡的学生运动，是党领导下的民族解放先锋队文艺青年联合会的活跃成员，开始用诗歌作武器，参加了民族解放的斗争。此外他还是音乐艺术家。

心灵修养用语微解

外形：指事物的外在物理形状，比如方的、圆的、高鼻子、大眼睛等；而“外型”则除了外形外，还有内存因素传递出来的信息，比如人的气质、涵养、精神状态等。

赞扬：称赞；赞扬。武汉臣《生金阁》第二折：“则这女聘男婚礼正当，你两下和谐可着人赞扬。”和邦额《夜谭随录·霍筠》：“其父本市井，闻姚赞扬，私心窃喜，不复禁止。”

信赖：指信任并依靠。沈括《故信阳军罗山县令陈君墓志铭》：“居家得乡人之欢，姻族益亲；仕于邦，则当剧处繁，能以多为约，人信赖之。”巴金《家》二十九：“通过周报他们认识了许多同样热烈的青年的心。在友谊里，在信赖里，他们也找到了安慰。”

社交：指社会上人与人的交际往来，是人们运用一定的方式传递信息、交流思想，以达到某种目的的社会活动。当今时代，经济和社会环境的变化使得人与人之间的交往显得更加重要。因为我们只有不断地与各类人员进行交往和信息沟通，才能不断地丰富自己、发展自己。

朋友：是人际关系中十分重要的交际对象。朋友是指人际关系已经发展到没有血缘关系，但又十分友好的人。真正的朋友通常会对对方诚实、忠心、忠义，以及先为对方着想。他们的兴趣可能很相似，而且可能经常一起活动。他们亦可能互相帮助，例如聆听对方烦恼和给对方建议。

控制：掌握住对象不使任意活动或超出范围；或使其按控制者的意愿活动。《魏书·太祖道武帝纪》：“昔朕远祖，总御幽都，控制遐国。”苏洵《衡论上·重远》：“其地控制东南夷、氐、蛮最为要害，土之所产又极富。”毛世楷《武昌》诗：“枝梧蜀汉争持角，控制东南欲建瓴。”

感恩：对别人所给的帮助表示感激，是对他人帮助的回报。感恩是一种处世哲学，也是生活中的大智慧。一个智慧的人，不应该为自己没有的东西斤斤计较，也不应该一味索取和使自己的私欲膨胀。学会感恩，为自己已有的而感恩，感谢生活给予你的一切。这样你才会有一个积极的人生观，才会有一种健康的心态。

机遇：契机、时机或机会，通常被理解为有利的条件和环境。可以按照字面意思理解为忽然遇到的好运气和机会。一般来说，机遇有一定的时间限制或有效期，时间过后，就再也得不到了。老舍《四世同堂》三十七："假若他的术贯中西的医道使他感到抓住了时代的需要，去作妓女检查所的秘书就更是天造地设的机遇。"

真诚：真实诚恳。真心实意，坦诚相待以从心底感动他人而最终获得他人的信任。真诚也是个人文学描述性词语、用以形容人格。以诚学习则无事不克，以诚立业则无业不兴。真诚能够使我们广结善缘，使人生立于不败之地，能够缔造幸福美满的人生。真诚能使人笑口常开，好运连绵，祥和社会，温暖人间。

信赖：指信任并依靠。沈括《故信阳军罗山县令陈君墓志铭》：同甘共苦：一同尝甜的，也一同吃苦。比喻有福一起享，有困难一起承担。刘向《战国策·燕策一》："燕王吊死问生，与百姓同其甘苦。"用法：联合式；作谓语、定语、状语；含褒义，一般用于男女誓言。《剪灯馀话·鸾鸾传》："夫耕于前，妻耘于后，同甘共苦，相敬如宾。"

成功：是一个汉语名词，指达到或实现某种价值尺度的事情或事件。《书·禹贡》："禹锡玄圭，告厥成功。"汉 桓宽《盐铁论·结和》："黄帝以战成功，汤武以伐成孝。"《宣和遗事》后集："汪伯彦、黄潜善力主迁幸东南之议，忌宗泽成功，屡沮挠之。"《西游记》第六十一回："磕头礼拜道：'望菩萨饶我夫妻之命，愿将此扇奉承孙叔叔成功去也。'"

谦虚：指虚心，不夸大自己的能力或价值；没有虚夸或自负；不鲁莽或不一意孤行。语出《诗·小雅·角弓》"莫肯下遗"。郑玄笺："今王不以善政启小人之心，则无肯谦虚以礼相卑下，先人后己，用此居处，敛其骄慢之过者。"陈学昭《工作者是美丽的》上卷三十二："她被邀着讲了几句话，无非是谦虚几句，比如她到这个地方是来向大家学习的等等。”

自信：是指自己相信自己。自信对我们的生活非常重要，我们的事业、我们的爱情、我们的生活、我们的工作，不管是哪一个领域，自信都是无比重要的。自信给人以力量，给人以快乐。正是有了自信，人们才充满了睿智，你和我的心中才升腾起无尽的希望。人们只有自信才能让自己的人生之花开得更茂盛更灿烂。只有自信才能让生活处处是舞台，让人生越过越精彩。

通俗易懂：广大人民群众都能懂得。邓小平《跃进中原的胜利形势与今后的政策策略》：“这十六个字，通俗易懂。”示例：我们要用通俗易懂的语言来写报告。近义词：老妪能解、简单明了。反义词：艰难晦涩。

察言观色：多指揣摸别人的心意。《论语·颜渊》：“夫达也者，质直而好义，察言而观色，虑以下人。”《紫藤萝瀑布》：“花朵……东一穗西一串伶仃的挂在树梢，好像在察言观色，试探什么。”

雪中送炭：在下雪天给人送暖。比喻在别人急需时给予物质上或精神上的帮助、鼓励。宋·范成大《大雪送炭与芥隐》诗：“不是雪中须送炭，聊装风景要诗来。”对于他们，第一步需要还不是“锦上添花”，而是“雪中送炭”。

通俗易懂：广大人民群众都能懂得。邓小平《跃进中原的胜利形势与今后的政策策略》：“这十六个字，通俗易懂。”示例：我们要用通俗易懂的语言来写报告。近义词：老妪能解、简单明了。反义词：艰难晦涩。

言而有信：说话靠得住，有信用。《论语·学而》第七章：子夏曰：“贤贤易色；事父母能竭其力；事君，能致其身；与朋友交，言而有信。虽曰未学，吾必谓之学矣。”近义词：言出必行、一诺千金、表里如一。反义词：出尔反尔、言而无信、信口雌黄、自食其言。

同甘共苦：一同尝甜的，也一同吃苦。比喻有福一起享，有困难一起承担。刘向《战国策·燕策一》：“燕王吊死问生，与百姓同其甘苦。”用法：联合式；作谓语、定语、状语；含褒义，一般用于男女誓言。《剪灯馀话·鸾鸾传》：“夫耕于前，妻耘于后，同甘共苦，相敬如宾。”